よこはま野毛太郎

酔郷ではしご酒

星羊社

はじめに

この度は星羊社の本をお手に取っていただき、誠にありがとうございます。横浜地域本『はま太郎』16号を刊行したのが2019年のことですので、4年ぶりにお目にかかります。本書は『野毛太郎』と名付けまして、神奈川県横浜市にある「野毛」の町をクローズアップしました。

さて、2021年、私たちは野毛に「星羊社stockroom NOGE」という倉庫兼直売所を設けました。倉庫の一部をささやかな店舗とし、弊社刊行書籍とオリジナルデザイン雑貨をメインに、他社出版物や仕入れ商品を並べ、1日3時間ほどのごく短い時間ではありますが、お客様をお迎えしております。

テナントは「ハマ画房」という老舗の額縁屋さんの跡地。小ぢんまりとしておりますが、3メートルほどもある天井の高さが、フランスから資材を取り寄せ額縁を手づくりし、壁に展示していた時代を彷彿とさせる空間です。

2013年の創業以来、横浜・下町の酒場文化を発信し続けてきた私たちにとっては、まさに聖地への進出でした。

ご近所も昔ながらの店々が多く、両隣にはご家族で営まれている美容室と理容室。2軒隣には三代目が営む喫茶店・大島コーヒー店、お向かいにはジャズスポット・ドルフィーがあります。住所としては宮川町2丁目、このエリアのことを親しみを込めて「奥野毛」と呼ぶ人もいるようですが、私たちも大変気に入っています。

世間では野毛をテーマにしている本は数多ありますが、私たちならではの視点と表現で綴る本はいかに…と、かねてから模索しておりました。コロナ禍による4年の出版自粛のなかで、アイディアも情熱も、焦燥感も、ほどよく煮込まれ、食べ頃となったように思います。満を持して、という心持ちで、挑んだ一冊となります。

本書では野毛の町の独自性を、大まかに、鉄道・横丁・音・野毛山の四つの要素に分け、章を振り、各要素を切り口として、それぞれの歴史や酒場文化の魅力を綴りました。

ちょうど、2023年は星羊社創業10周年の節目ということで、多くの方々に背中を押していただきました。弊社の本を愛してくださるすべての方へ、感謝を込めて。

編集人

目次

はじめに……02
目次……04
野毛の定義マップ……06
どこからどこまで野毛ですか……08
桜船鉄道予定地で呑む……17
草月／野毛 はる／R……20
桜船鉄道敷設計画の痕跡……32
ターミナル駅としての発展史……44
コラム 野毛を行き交う人 阿部定さんがいた一ヶ月……54
横丁酒場で呑む……65
野毛の横丁の軌跡……68
都橋商店街／ぴおシティ／ウミネコ／福家……80

コラム　食の記録　武蔵屋のおばちゃん …… 98
コラム　食の記録　千歳屋の豆腐をアテにして …… 102

野毛の音で呑む …… 105
ダウンビート／パパジョン／ル・タン ペルデュ／シャノアール／カモメ …… 108
野毛が醸す音 …… 128
野毛の守護神「子之神様」の話 …… 140

野毛山で呑む …… 145
メゾン・ド・ハラ／野毛山動物園／トリステッサ／崖と階段 …… 148
名だたる実業家が豪邸を構えた野毛山 …… 164
コラム　野毛を行き交う人　添田唖蝉坊と野毛山 …… 172
コラム　食の記録　コテイベーカリーのパン …… 186

おわりに …… 190

本書において、野毛浦の歴史的背景と呑兵衛の視点から、ざっくりと「野毛」を定義した地図。
大岡川の西側、野毛町、宮川町を中心に、野毛山の一部（老松町、東ケ丘の一部、宮崎町）と花咲町１～３丁目、桜木町１丁目の一部、日ノ出町駅前の日ノ出町１丁目を加えた。
黒色の破線は『江戸名所図会』に描かれていた景色と国土地理院の標高図をもとにしたおおよその旧海岸線。同書刊行当時、花咲町と桜木町は海だった。解説は次頁より掲載。

歴史的背景と呑兵衛文化を融合した
野毛の定義マップ
紅葉坂
伊勢山皇大神宮
戸部町
宮崎町
↑至戸部駅
N
京急本線
老松町
成田山延命院
野毛町4丁目
老松中学校
野毛山動物園
中央図書館
野毛山公園
野毛山トンネル入口
定義線
東ケ丘の一部
日ノ出町駅
野毛山公園展望台
定義線
日ノ出町1丁目

どこからどこまで野毛ですか

実は厳密な定義は存在しない？

「さあ、野毛に行こう」となったとき、あなたが思い浮かべる景色はどんなものだろうか。あるいは、そのエリアについて、どこからどこまでを想定するだろうか。弊社の本を愛読くださっているあなたなら、野毛小路を中心に、飲食店が密集するエリアをざっくりとイメージするだろう。

冒頭においてこのような問いかけをするのは、「野毛町」や「野毛山」という地名は存在するが、「野毛」というエリアを区画する線が地図上には存在しないからだ。つまり、「野毛」には明確な定義がない。

「野毛」とは一体どの地区を指すのか。資料をあたり歴史をさかのぼると「野毛浦《のげのうら》」という海に切り立つ崖を中心とした地域が由来となっていることがわかる。ただ、その「野毛浦」をルーツとする地域をそのまま「野毛」と定義してしまうことには、呑兵衛である私たちは違和感を禁じ得ない。

そんなわけで、繁華街の民衆文化をお届けする本書では歴史的視点に呑兵衛の目線を加え、

のげ
Body
Foot
Head
Facial
NICE
TIME

よりゆったりとした枠で「野毛」というエリアを定義したい。

歴史と地理からみた「野毛」とは

まずは「野毛」という名称の由来となる「野毛浦《のげのうら》」の歴史をおさらいしておきたい。

地名研究の分野においては、日本では古くからの方言で、突端を「ノッケ」、崖を「ノゲ・ニゲ・ヌゲ・ナゲ」などと呼ぶことがしばしばあるそうで、「野毛浦」も大岡川河口部にせり出す地形的特徴から名付けられたと考えられている。

天保年間に刊行された地誌『江戸名所図会《えどめいしょずえ》』の「芒《のげ》村　姥島」（図1）は、大岡川西側の一帯、現在の桜木町駅前のあたりから見た景色を描いているが、そこには切り立つ崖、海に浮かぶ姥島と呼ばれる島と舟、奥の海岸には人影を確認することができる。この海岸では高品質の牡蠣やアサリ、海苔を生産していたので、江戸時代には御用幟《のぼり》を立てた押送船《おしおくりぶね》が、毎日のように江戸へ向かっていたという。

切り立つ崖は野毛山へと繋がる。崖下の海面はその後埋め立てられて誕生した現在の花咲町の一部、姥島は桜木町駅のある桜木町1丁目のあたりだろう。

「野毛浦」は戸部村に帰属する「久良岐郡戸部村野毛浦」という一地域であったが、文政年間に「野毛村」というひとつの村となる。１８６０（万延元年）年、開港にともない野毛村は神奈川奉行預り地となり、「野毛町」となって1~4丁目が置かれる。野毛浦の西海岸にあたるエリア（図1参照）は1872（明治5）年に「宮川町」とされた。

図1に描かれた「野毛浦」を「野毛」の原点とみるならば、現在の野毛町と宮川町が「野毛」の主軸であるということができよう。

本書ではさらに、『江戸名所図会《えどめいしょずえ》』で崖と一体の景色として描かれている野毛山の一部を「野毛」に加えたい。すなわち、図1の海岸から山頂に至る、険しそうな坂は老松町、そして東ケ丘の一部が含まれるだろうか。また、横浜道が拓かれる以前の伊勢山は野毛山の一部だったとされ

図1 『江戸名所図会』より「芒村　姥島」
岩礁のような島「姥島」が浮かぶ。乳母が子を抱え、乳を与える姿に見えるため呼ばれるようになった。姥島があったのは現在の桜木町駅のあたり。赤字は編集部加筆

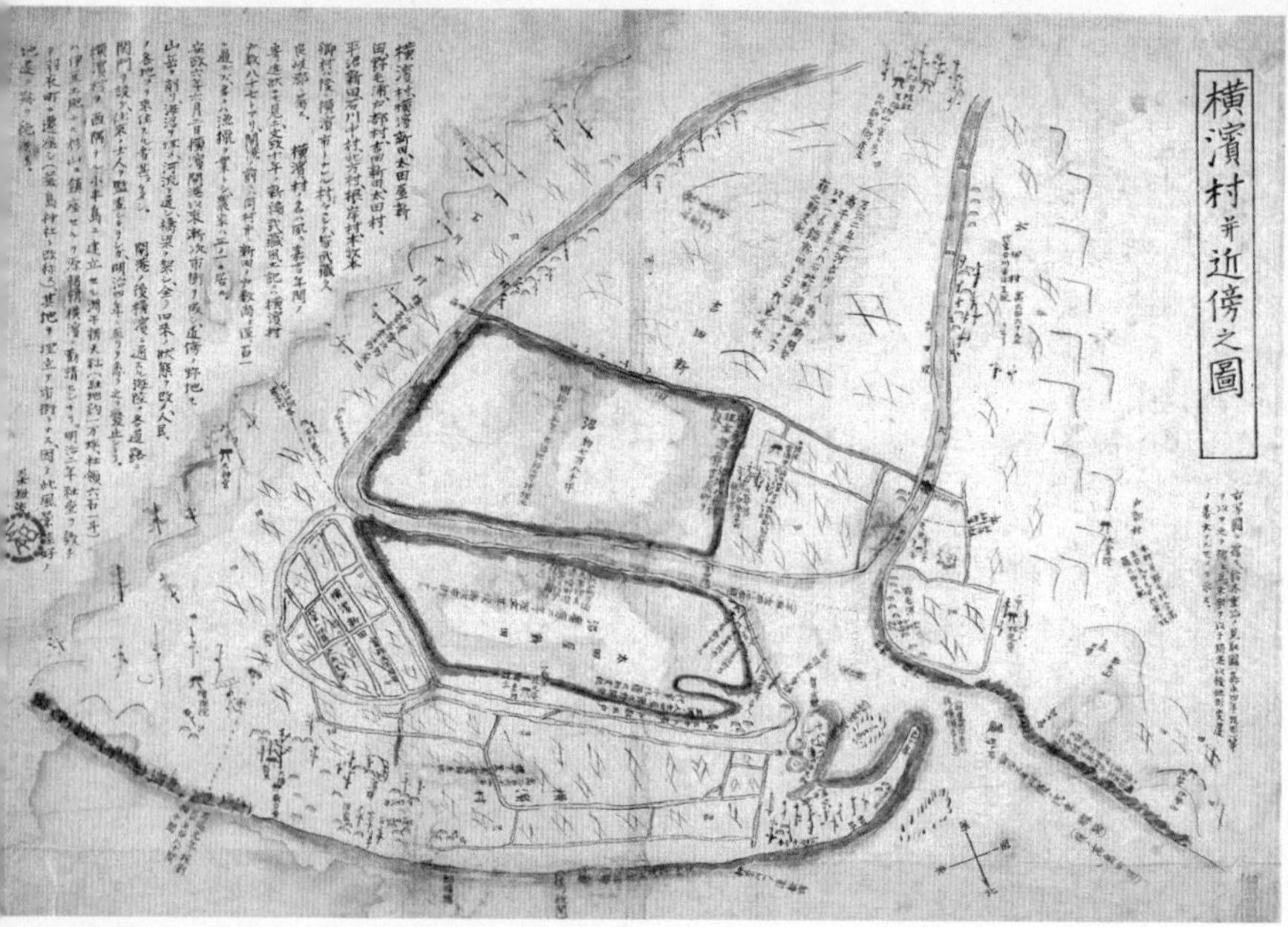

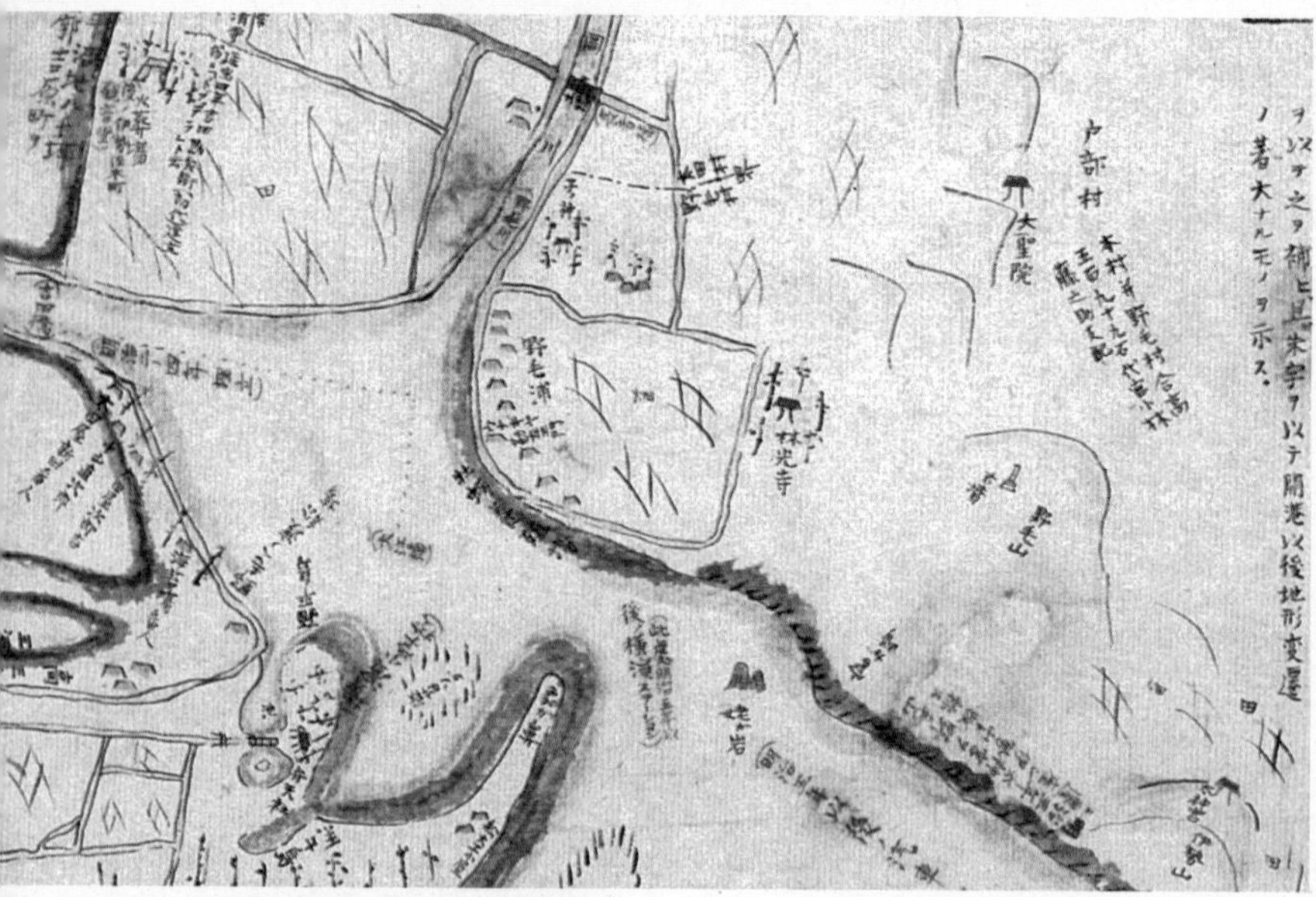

図２　『横浜村并近傍之図』（横浜市中央図書館所蔵）

1851（嘉永４）年当時の横浜村と周辺地域の絵図。赤で加筆された部分は明治初年にその後の変化を記したもの。野毛浦は切り立った崖で、その下には白波の寄せる浜辺が広がっていたとされる。下掲は「野毛」のエリアを拡大したものていること（詳細は166頁参照）、さらに横浜の総鎮守・伊勢山皇大神宮の杵築宮《きづきのみや》（大国主命のための社殿）には野毛エリアの氏神である子之大神《ねのおおかみ》（140頁参照）が祀られていることから、社の構えられた宮崎町も野毛に含められよう。

埋め立てられた海と姥島

図1における崖下の海面は現在の花咲町の一部であろうというのは先のとおりだ。同土地は1864（元治元年）年に埋め立てられ、石炭倉庫が6棟置かれたという。恐らく野毛山の一部を切り崩したのであろう。現在の音楽通りのあたりだ。1872（明治5）年に「花咲町」とされた。

姥島は現・桜木町駅付近に存在したとされるが、1869（明治2）年頃に新橋―横浜の鉄道敷設のために埋め立てられた。この島は野毛浦の景観において象徴的な存在だったようだ。島の高さは約9メートル、周囲は約36メートル、てっぺんには数本の木が生えそろっており、十一面観音が祀られる「姥神社」なる神社があった。姥神社に祀られていた神は「姥姫」と称され、海上の安全を守っていた。なお、姥姫も伊勢山皇大神宮の杵築宮に祀られている（140頁参照）。

本書における歴史的背景から定義する「野毛」には、図1に描かれた「野毛浦」（現在の野毛町と宮川町）、野毛山の一部（老松町、東ケ丘の一部、宮崎町）を加えたいと先に述べたが、図1

に描かれている崖下の海面の一部、そして姥島の周辺も、呑兵衛にとっては「野毛」に含めたいところである。理由は次の通りである。

呑兵衛にとっての「野毛」

現在の地図と見比べてみる（6頁のマップ参照）。花咲町は7丁目まであるのだが、桜木町駅前から音楽通りを進み紅葉坂の手前まで、すなわち花咲町1・2・3丁目は「野毛」に加えたい。花咲町3丁目が伊勢山の裾にあたること、紅葉坂を境に高級住宅街へと景色が切り変わることが主な理由である。

そして同じく埋立地の桜木町も7丁目まであるところ、姥島があったとされる桜木町1丁目の一部には立ち呑み屋の集結する駅前ビル「ぴおシティ」、そしてJR桜木町駅改札脇には立ち食いそばの「川村屋」が存在するため、「野毛」に加えたいところだ。夜の町に繰り出すために川村屋の「とり肉そば」で胃袋を温め、ぴおシティの立ち呑みで軽く下地をつくる。呑兵衛の助走のために欠かせない要所なのだ。

長々と述べたが、呑兵衛のみなさんが「さあ、野毛に行こう」となったとき、JR・地下鉄桜木町駅に降り立ち「野毛ちかみち」という地下道に入った瞬間、あるいは京急日ノ出町駅に降り立ち改札前のスクランブル交差点に立った瞬間、大岡川の西側から野毛山にかけての一帯に「野毛」の風を感じることだろう。酒精を帯びた香しい風である。

さて、本書を編集するにあたり、便宜上「野毛」を定義する必要があった。そこで6頁のマップの解説として、江戸時代までの歴史を振り返りつつ呑兵衛目線から考察を加え「野毛」という町を定義してみたが、町というのは生き物であり、その時代や訪れる人によって様相を変えていくものでもあるから、10年後、20年後はまた違った定義ができるはずである。その点を踏まえつつ、本書をご堪能いただけたらなによりである。

＊　＊　＊　＊

参考文献等
・蘆田伊人（1996年）『新編武蔵風土記稿』雄山閣出版
・中区制50周年記念事業実行委員会編（1985年）『横浜・中区史』
・横浜西区史編集委員会（1995年）『横浜西区史』
・斎藤長秋他（1834年）『江戸名所図会』

2023（令和 5）年 5 月 22 日に撤去された「野毛小路」のアーチ
かつては中央部分に電波時計が設置されていた。
1989（平成元年）年に設置された 3 代目。初代アーチは昭和 30 年代前半に設置

桜船鉄道予定地で呑む

幻の桜船鉄道、その予定地

「桜船鉄道予定地」とは、編集部が名付けたエリアだ。

さかのぼること明治時代、京浜線（現・JR京浜東北線）を桜木町駅から大船まで結ぶべく、大岡川に沿い、南太田方面から、戸塚を経て大船へ至るルートでの線路敷設が計画された。野毛のなかに高架を建設するための土地が取得され、ボーリング工事まで行われていたという。しかし、その計画は関東大震災によって消失してしまう（「桜船鉄道」歴史の詳細は本書32頁参照）。その路線は当時「櫻船鐵道」という仮称を持っていたようなので、私たちは線路を敷設するはずだった土地を「桜船鉄道予定地」という愛称で呼ぶことにした。

現在も野毛の区画のなかには、「桜船鉄道予定地」の名残を見つけることができる。日ノ出町駅前を起点とすると、草月、第一亭、内田日和、ブリオ、野毛はる、沙羅双樹から野毛本通りをまたぎ、旧バラ荘、R、トミー、そして桜木町駅前の松山漢方相談薬局に至る区画である。

戦後まもなくから営まれる店も多い。野毛の歴史を見つめてきたよき酒場も揃っている。

桜船鉄道周辺マップ
桜木町駅
N
ぴおシティ
桜船鉄道予定地
松山漢方相談薬局
平戸桜木道路
野毛小路
トミー
野毛坂
R
旧バラ荘
野毛本通り
大岡川
ウインズ横浜
(JRA)
沙羅双樹
三角地帯
都橋
野毛はる
星羊社
stockroom
ブリオ
野毛山トンネル
入口
都橋商店街
内田日和
桜船鉄道予定地
宮川橋
野毛庵
第一亭
日ノ出町駅
草月
長者橋

草月　アイラの風が香る

日が落ちると大岡川沿いのプロムナードの電灯が等間隔でオレンジ色の光を放つ。1928（昭和3）年竣工の歴史あるコンクリート製アーチ橋「長者橋」から野毛方面へと誘う光だ。19時を回り、「草月」の入口に営業時間を告げる青い灯がともると、それらは調和したひとつの画になる。このバーのエントランスを覆う蔦は年々緑を深くしていき、やがて分厚い木製の扉を隠すようになった。「お客さんは賛否両論いらっしゃいますよ」とマスターは笑うが、私は深い緑がこのバーの存在を秘密めいた、魅力的なものにしていると思う。

長い夏の気だるさを洗い流すような大雨の夜、草月の緑をくぐり抜けた。日ノ出町駅前交差点の忙しなさ、タイヤが水を弾く音、酔っ払いの叫び声、あらゆるがやつきから隔絶される。薄暗い店内、ステンドグラスのランプが配されたL字型カウンターの端っこに座る。「いらっしゃいませ」と、暗がりからマスターが顔をのぞかせた。客は誰もいない。背後の壁に埋め込まれたJBLのS101からチャーリー・パーカーのサックスが流れている。

壁の高いところには額装したアイラ島のモノクロ写真が飾られている。カウンターの隅のランプの下に「ラフロイグ」のラッピングミニカー、フォトフレームに入った「アードベッグ」のポストカード、村上春樹のアイラ・ウイスキーなどを巡る紀行『もし僕らのことばがウィスキーであったなら』が置かれている。実は、そのことに何度目かの訪問でようやく気が付いたのだった。素面だったからだろう。アイラ島といえばスコットランドの西にある小さな島。ウイスキーの産地として名高い。そういえばはじめて訪れた夜、隣に座っていた客にマスターがおすすめを求められて注いでいたのはやはりアイラの「アイリーク」だった。やはりここはと、草月ではアイラのウイスキーを呑むようになった。「アードベッグ」10年を注文する。現在アイラ島には九つの蒸留所があるらしい。そのなかでも野性的なピート（泥炭）香を持つといわれる。ストレートでお願いする。蓋つきの薄いグラスに注がれたウイスキーと、切子グラスに入った水が届けられた。

日ノ出町駅前から大岡川に沿って桜木町駅前まで延びる幻の鉄道予定地のなかでも日ノ出町駅に最も近い場所、長者橋際の当地に草月は創業した。戦後まもなくのことだという。店名の由来は創業者であるマスターの父がいけばな流派の草月流が好きだったから。当初は蕎麦屋だったが、やがて町の洋食屋となる。

過去の地図をさかのぼって調べると、1965（昭和40）年頃に「きそば草月庵」から「レストラン草月」へ名称が変わっている。隣には「ミツワグリル」、また向かいには「不二家レストラン」、不二家の並びには「片手洋食」があった。野毛からは少し離れるが、川向うには「レストランすいれん」もあったから、界隈の洋食事情はなかなかに熱かったことだろう。横浜市電が走っていた時代、草月の目の前には「日の出町一丁目」電停があった。京急や市電の乗降客で界隈は賑わったに違いない。マスターが両親から店舗を受け継ぎ、バーとして新装オープンしたのは2000（平成12）年のことだ。

壁を埋め尽くすのは、映画のパンフレット、ジャズメンのポートレート、客から差し入れられた写真、異国の紙幣、色とりどりのランプや光る地球儀、オーナメント、楽器、古い書籍…。ひとつひとつ、絶妙なバランスで陣取り、ここに存在する理由を静かに主張している。

バーへと転業するにあたり「草と月を意味するゲール語を探したりもしたんですが、面倒になっちゃってね。かえってこれでよかった」。グレーの長髪を束ね、片耳にシルバーのイヤーカフ、たっぷりとした髭を蓄えた、黒縁メガネ姿のマスターは、ゆっくりとした口調でいう。遠い昔から長者橋を守ってきた主のように、超然とした出で立ちで。

ここは大岡川の岸、長者橋の際。

グラスの蓋を取るとふわりとピートが香る。まだ見ぬアイラ島の風景を思い浮かべてみた。荒涼とした海、煙った空、潮の香りを含んだ冷たい風。きっとそんな感じだ。そこに生きる人たちの営みとウイスキーのことをとりとめもなく思う。

◆　草月

住所…横浜市中区日ノ出町1-20

定休日…日曜

野毛 はる　至福の天ぷら

幻の鉄道予定地のなかでも野毛本通りに近い一角に佇む「野毛 はる」。二階建ての建物は石造りのような風情をもつ、ノスタルジックなモルタルづくり。明るい時間に眺めてみると、二階部分には規則正しく正方形のスティールサッシが並び、刷りガラスがはめ込まれていて、窓下の意匠は西洋風にも感じられる。そんな趣きのある商店建築の一階、引き戸は開け放たれ網戸だけになっている。三つあるテーブル席は団体で埋まっていて、三つあるカウンター席がひとつ空いていた。これ幸いと滑り込んだ。

はるに入店するとまず、壁一面の三保松原の富士の画を拝む。銭湯画のような雄大な富士をバックに席に着く。卓上には既に敷紙が引かれ、箸置きと箸が並べられている。こうセッティングするのは同店の習慣だが、まさに唯一私のことを待ちわびてくれていたようであり、いつも心がほどけるのだ。

店内には秋の七草のひとつである桔梗の柄の手ぬぐいが額装されて飾られている。壁の手書きメニューには季節の魚の刺し盛りや天ぷら、湯豆腐、…日本酒の銘柄をちらちらと確認しながら、今夜の工程を考えるひとときはわくわくとする。「ムツと木の子の天ぷら」そして、和歌山の地酒「黒牛　純米酒　あきあがり」をいただくことにした。女将さんが「原酒だからアルコール強めですよ」と気遣う。問題ありません。日本酒を注文するとお猪口を選ばせてもらえるのだが、冷酒用はよく冷やしてあってここでまた感激してしまうのだ。富士山モチーフの「津軽びいどろ」のお猪口に決めた。逆さ富士に黒牛が満たされていく。それをクイッとやる。背後には三保松原。目の前の厨房からは油の弾ける音がする。

ご店主は市内の知る人ぞ知る日本料理店での勤務を経て、各地で経験を積み、自身が生まれ育った野毛に戻って店を開いた。聞くと、実家は日ノ出町の老舗そば店「野毛庵」だという。父から譲り受けた趣きのあるこの建物で、14年ほど前に「野毛 はる」をオープンさせた。店名は女将さんの名前に由来する。「苗字をつけると少し固い響きになる気がして。親しみやすく、入りやすい店が理想だった」という。厨房はご店主が、フロアと日本酒のセレクトは女将さんが担当する。

戦後の住宅地図のなかでも詳細を記す最も古い昭和31年版の『中区明細地図』を見ると、かつてこの場所には「バー ニューパラダイス」という店が入っていたようだ。「父がもともと営んでいたバーで…」とご店主は教えてくれた。戦後まもなくして、この土地を取得したのだろう。同じ区画には興味深い昭和の建築が残る。はるの裏手には、木製の窓枠、卵と鏃《やじり》が交互に並ぶ装飾、レリーフが印象的な看板建築の建物がある。その隣には入口に破風屋根風の庇をあしらった建物が、こちらの装飾を施した年代こそわからないが、建物自体が昭和の趣きを残し存在感を見せつけている。野毛本通り沿いには宮川町で創業した青果会社「水信」の支店（現・からころ村）、隣接して紅谷菓子店（現・カフェバジル）があったが、この2店は1軒の建物で、裏手にまわると看板建築風に野毛本通り側の面を工夫しているのがわかる。小さな区画にひしめくように、個性あふれる店が並んでいた時代を思う。

ほどなくして、ムツにシイタケ、マイタケ、シメジ、ピーマン…秋の恵たちが薄い衣をまとって届けられた。ピンク色の塩とすだちが添えられている。はるの創業当時、「野毛でうまい天ぷらが食べられる」と仲間内で沸いたことを、ありありと思い出す。最初に頬張ったシイタケは、衣のサクッとした食感のあとでジュワッと口中に広がる旨味が病みつきになる。衣たちがシイタケの旨味を引き連れて喉を降りていくタイミングで黒牛を迎える。ムツの淡泊な身を噛みしめると、その向こう側にほんのりとした甘味が現れる。至福である。天つゆもいいが、すすめられた塩のほうが後味の輪郭をとらえやすく、衣の食感もわかりやすい。甘さは素材そのものと日本酒だけで十分だ。度数約18度の黒牛がクイックイッと入っていく。

隣りに座っていた常連が湯豆腐を平らげ、会計を済ませると、まもなくして入店した別の常連がそこに座り、「熱燗が呑みたくて」とご店主に告げた。あぁ、いい季節になったのだなと、しみじみする。気づけば徳利は空き、私は次の銘柄を考えていた。網戸からは心地よい風が吹き込んできて、火照った頬をなでる。

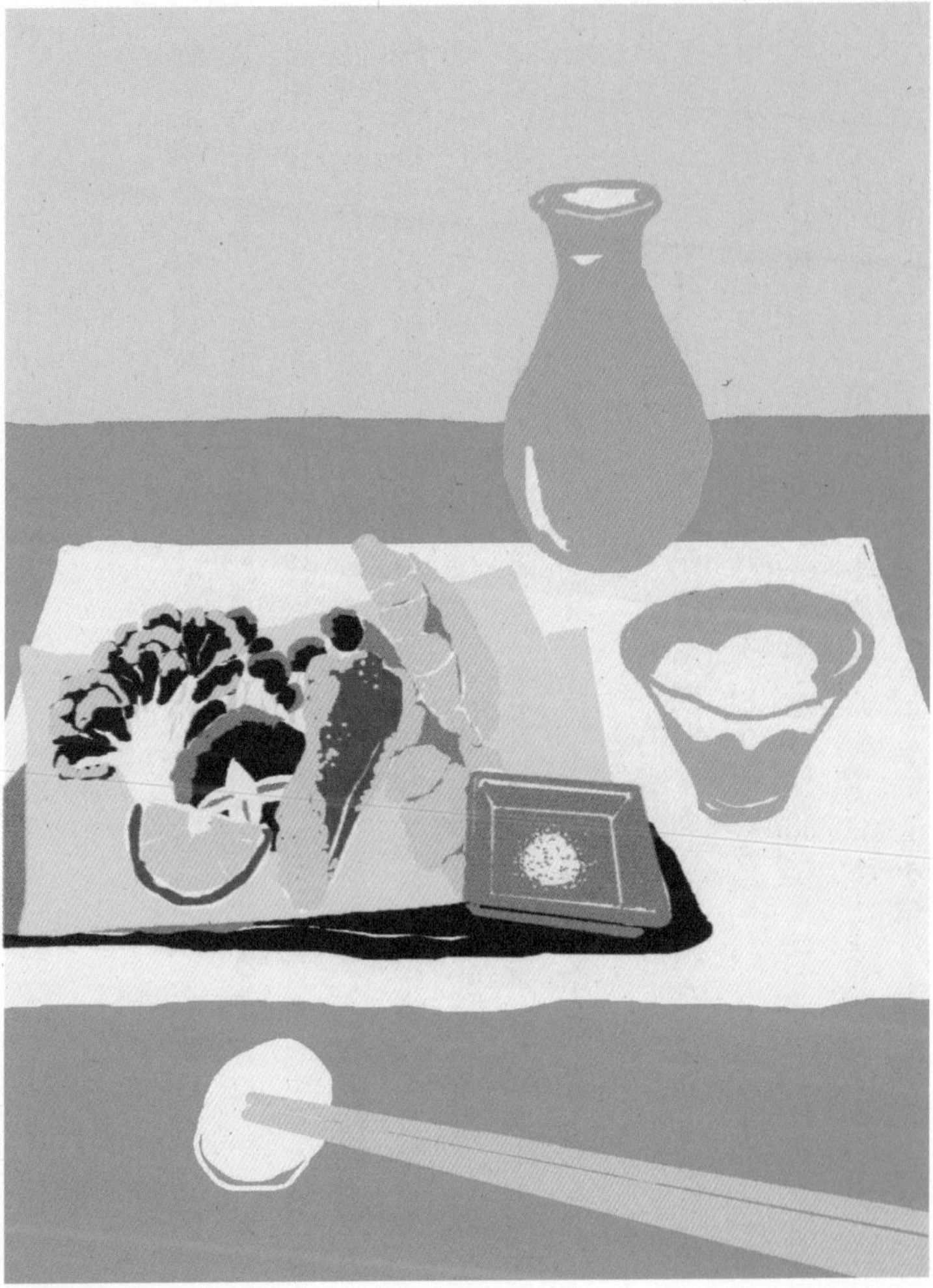

◆　野毛 はる

住所…横浜市中区野毛町1-53

定休日…火曜

Rアンクルトリスに会いに行く

野毛のかつての鉄道敷設予定地の幅いっぱいに構えられた、築40年ほどの三階建ての一階。「R」の扉はふたつ、東側と西側にあって、この日は東側の扉を開けた。黒く深い艶をたたえた床板、10メートルほどもあろう一枚板のカウンターが目の前にまっすぐと延びる。均等に並ぶどっしりとした木製座面のスツールは創業者の代から使われている現役のアンティークだ。今時な間接照明には頼らず、必要十分な光量で空間に絶妙な奥行をつくりあげる、スマートで硬派なオーセンティックバー。創業以来、2度ほど建て替えを経ているが、什器や造作は使い続けているものも多いという。時を経てそれぞれの形に丸みを帯びたスツールの座面に着く。ひと息ついて、まずはおすすめのウイスキーでハイボールを注文することにした。

1946（昭和21）年創業のRの三代目を塚田マスターが継いだのは2005（平成17）年のこと。創業当初はレストランとして営まれていたらしいが、いつしかサントリーバーとなった。初代と二代目は親子だったそうだが、塚田さんは親族関係にはなく「実は店の存在自体知らなかったんです」という。横浜のホテルのバーに務めていたときに、知人からRの二代目が引退したこと、店舗が手つかずのまま残っているということを知らされた。いざ野毛に足を運んで居抜きの店内を見ると、「かっこいい」という言葉が漏れ出た。運命の出会いである。塚田さんは、メンテナンスはするが、ほぼ先代が使っていた頃のまま維持しているといった。「壁にレンガを埋め込んだり、一枚板でカウンターをあつらえたり…。もし、今同じようにつくろうとしたら、どれだけ手間と時間がかかるんでしょうね」。店内を見渡す瞳を見ると、この店に恋焦がれる気持ちはずっと変わらないのだとわかった。そんなマスターの店で呑む酒はやはりうまいのである。

店内にはアンクルトリスの生みの親としておなじみ、故・柳原良平画伯の作品が飾られている。バックバーの中央ではRの扉の前に立つアンクルトリス。サントリー刊行の季刊雑誌『ウイスキーヴォイス』のバックナンバーの書影には、塚田さんの似顔絵。生前の画伯と塚田さんの交流が垣間見えてくる。

なかでもとりわけ目を引くのがテーブル席の壁に飾られている、横50センチほどはあろうかという大きな作品である。マティーニをテーマにした大胆な構図、オリーブの沈められたショートグラスをズームに捉え、その横にはアンクルトリスが佇みこちらにほほ笑みかけている。柳原画伯が関内駅前のセルテで個展を開催していた際に購入したという。船やウイスキーの作品が多いなか、カクテルの作品は確かに珍しい。展示会場では同じくカクテルのマンハッタンを描いた作品もあり、マティーニと対になって展示されていたが、塚田さんが選んだのはこちらの方だった。「先生は、方便かもしれないけど『バーテンダーに買ってほしかったんだ』といって笑ってくださった」と振り返る。個展に行くと必ず角のハイボールが用意されていて振舞われるというエピソードも、その人柄のイメージ通り。酒豪伝説にも事欠かない。

Rの店内はアンクルトリスの息遣いが聞こえてくるようだ。アンクルトリスは柳原画伯そのものだと思う。塚田さんもそう思っているに違いなかった。

ハイボールを呑み干して、約束していたようにマティーニを注文する。Rではマティーニを呑みたくなる。

ダークカラーのチョッキにえんじ色のネクタイ姿が映える。塚田マスターが注文を受けた瞬間からカウンター越しに生じるほどよい緊張感。きっと舞踏の類と同じで、不意の動作が洗練されていればいるほど客席を魅了する。よく冷やされたショートグラスに注がれたそれは、この店内ではほんのりと発光して見えた。神々しい。オリーブを沈め客に差し出す直前にレモンピールは振りかけられる。指先の軌道は仕上げの魔法をかけるように。店内に流れている曲はコルトレーンだが、ワルツで淑女をリードする紳士のように頼もしくもある。

気さくな町で味わう極上な非日常がここにある。

◆ R

住所…横浜市中区野毛町1-15

定休日…日曜・月に一度月曜休み

※初代店舗の古写真は43頁掲載

桜船鉄道敷設計画の痕跡

宮川町2丁目の三角地帯

宮川町2丁目の三角地帯をご存知だろうか。一方通行の道路のあいだに挟まれた、公園にしては小さく孤立した空間。一本のクスノキが生え、その周りにベンチがめぐらされている。木の根元には「この道路は日本中央競馬（JRA）環境整備事業交付金により再整備しました 横浜市中土木事務所」と小さな立札が立てられている。自動車のショートカットを防ぐためだろう、三つのベンチ型進入防止柵が設置されている。夏は終電を逃した酔っ払いがここで夜を明かす。野毛では見慣れた光景だ。冬になるとライトアップされ、赤ちょうちんの似合うこの町が少しばかり浮足立つ。

それ自体は取り立てて面白味のあるスポットでもないのだが、不自然に切り取られたような形状の三角地帯の歴史を探ると、明治から昭和にかけて繰り広げられた線路敷設計画の軌跡、桜木町駅がターミナル駅として果たした役割、ひいてはかつての野毛の賑わいが垣間見えてくる。

幻となった鉄道

1872（明治5）年、新橋―横浜駅に日本初の鉄道が走ると、1889（明治22）年7月には新橋―横浜―神戸駅が全通し「東海道本線」とされる。当時の横浜駅（初代）は現・桜木町駅の場所にあったが、1915（大正4）年、高島町に二代目横浜駅が開業したことで初代横浜駅は「桜木町駅」と改称する。

さて、東海道本線の支線である京浜線（現・JR京浜東北線）が、東京―横浜（二代目）―桜木町駅で運転開始したのは1915（大正4）年12月のこと。この線路を桜木町駅から大船方面へ延伸する計画は明治時代末期には立

図1　2023年の地図（国土地理院）
鉄道用地と三角地帯を着色。三角地帯に矢印、「野毛本通り」と取材店を追記。鉄道用地として区画が切り取られたことで道路に三角地帯を設けるきっかけとなる空間が生まれた

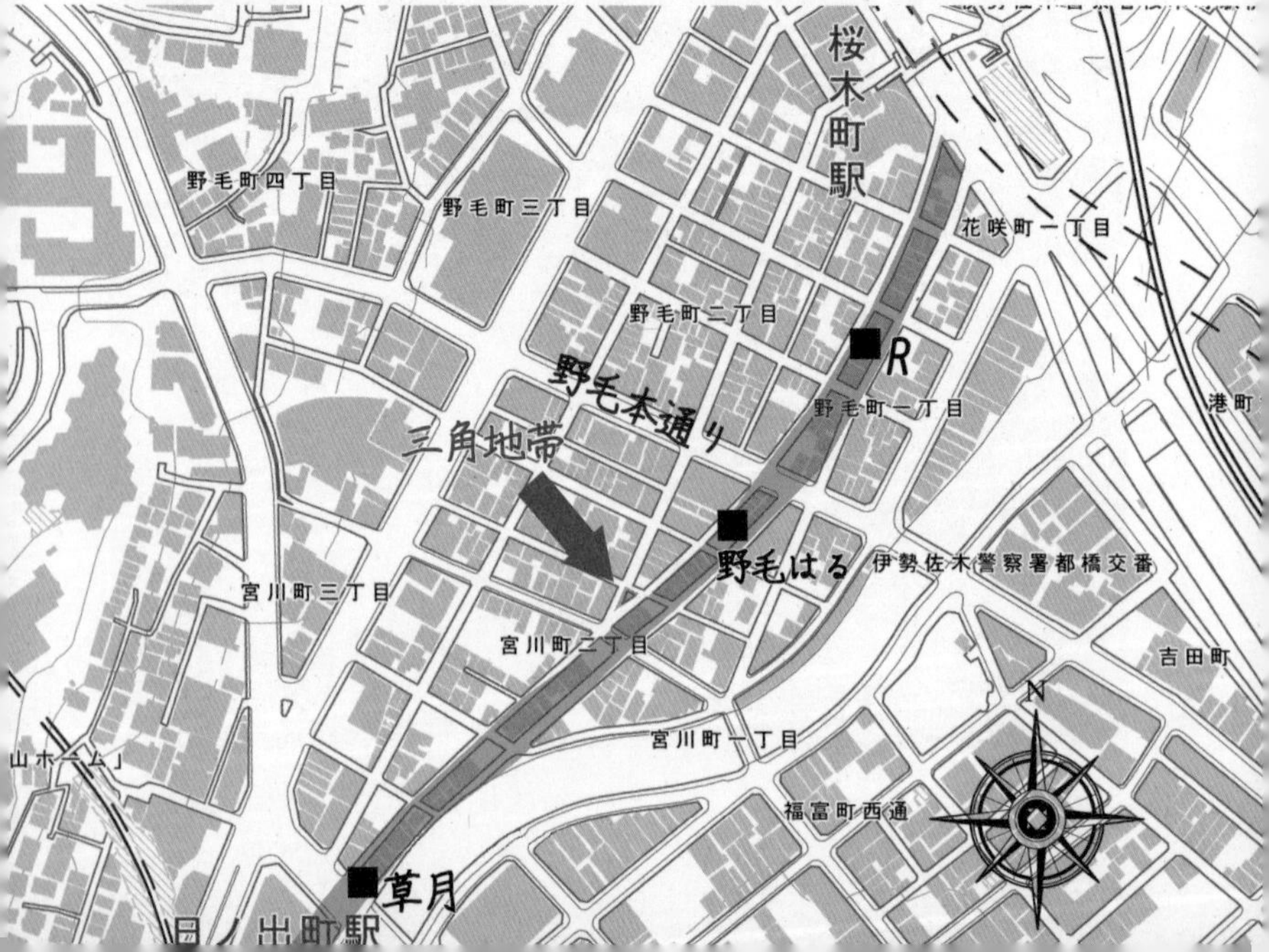

ち上がっていた。第二次桂太郎内閣で内定していたとされる。ルートは現在の根岸線とは異なり、桜木町駅から西へ大岡川に沿ったもので、実際に線路用地を買収し高架をつくるためのボーリング工事も開始、1925（大正14）年に完成が予定された。野毛のエリアにおいては、図1で着色した部分（桜木町駅から日ノ出町駅前にかけて）が線路敷設予定地である。桜木町駅のホームはこのルートに角度をあわせて設計されていたという。

なお、線路は桜木町から蒔田へ、そして南太田方面から、永田を経て保土ケ谷駅を迂回し、東海道本線に並行して戸塚、大船へ至るルートが採用されるも、1923年（大正12年）9月に発生した関東大震災によって幻となってしまう。

「桜船鉄道」と名付けよう

震災後の「土地台帳附属地図」（大正14年）によると、野毛町・宮川町におけるこの土地の部分には「櫻船鐵道」の記載が確認できる。これは京浜線（現・JR京浜東北線）から延伸した、桜木町―大船駅を走る予定だった鉄道の仮称だったのだろう。

本書では便宜上、図1で着色した土地を「桜船鉄道予定地」と呼ぶことにする。

冒頭の三角地帯であるが、図1を見ると町を線路用地として切り取った際に生まれた空間（道路）であることがわかる。宮川町の町内を取材したところ、この空間でのゴミの放置などが問題となったため、昭和の終わり頃、休憩のできるスペースとして整備したらしい。

桜船鉄道予定地のその後 鳥観図に見る謎の高架

横浜の鉄道事業に甚大な被害をもたらした関東大震災。二代目横浜駅は震災に伴う火災により焼失。仮駅舎で営業を開始したものの、1927（昭和2）年には移転工事に取り掛かり、1928（昭和3）年、現・横浜駅が三代目として開業する。桜木町駅も焼失したため新しい駅舎が建てられた。

では桜船鉄道予定地は、関東大震災後どのような変遷をたどったのか。

吉田初三郎の鳥観図「湘南電鐵沿線名

図2 「湘南」（湘南電鐵刊行）吉田初三郎の鳥観図の一部（昭和5年刊行）
「横濱─黄金町」の路線、および「櫻木町─黄金町」の路線は赤の破線で描かれている

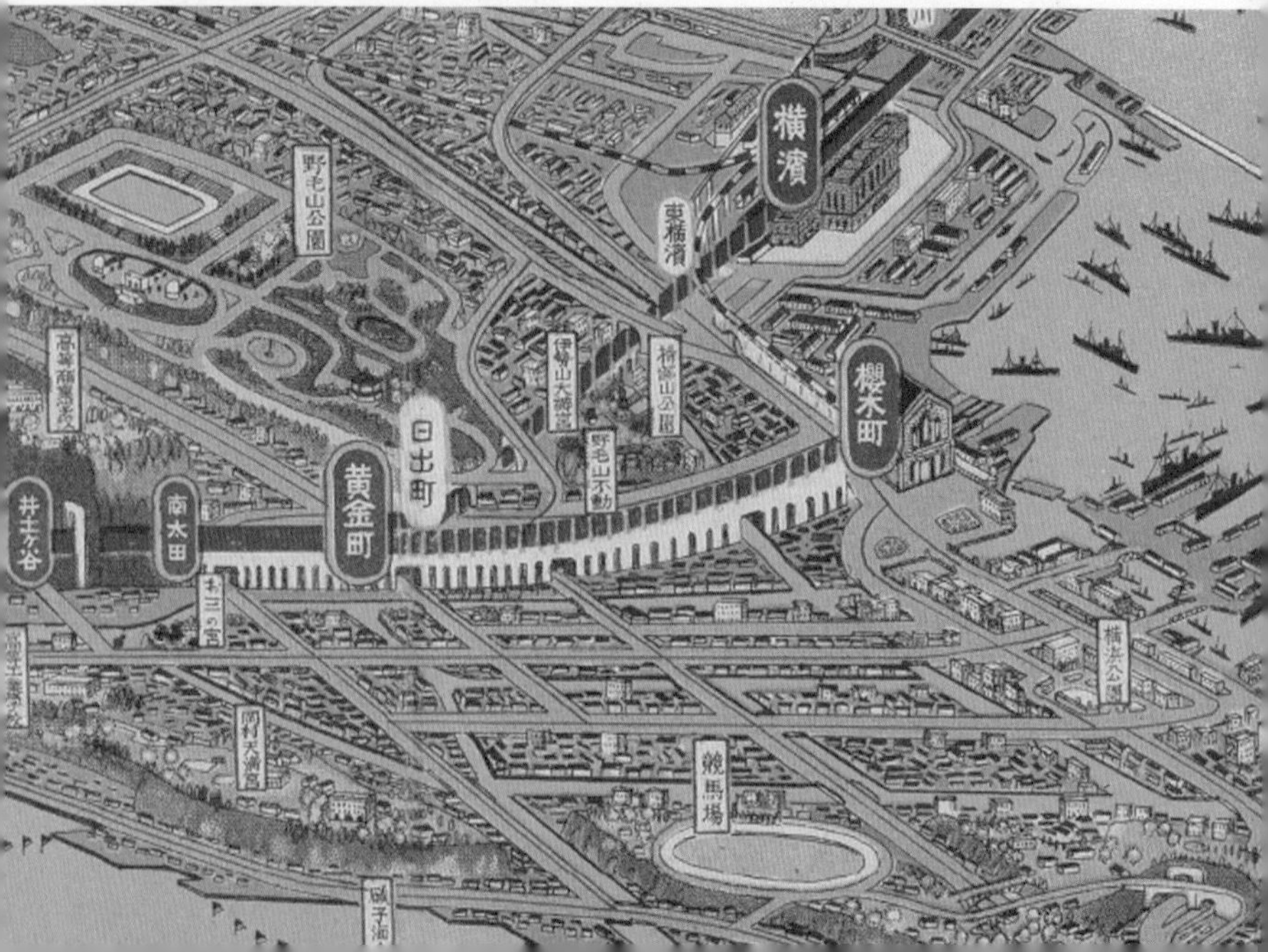

所図絵」（図2）のなかでその後を垣間見ることができる。図2は1930（昭和5）年4月に湘南電気鉄道株式会社が観光マップとして刊行した冊子『湘南』に掲載されたものだ。「横濱―黄金町」、「櫻木町―黄金町」の路線が赤の破線で描かれているのがわかるだろう。後者は存在しないはずの線路と高架であるが、それが描かれた経緯を追っていきたい。

まずは、赤い電車でおなじみの「京浜急行電鉄」（京急）の前身となる鉄道会社の歴史を振り返る。

「湘南電気鉄道」による鉄道敷設計画

「湘南電気鉄道」は、1917（大正6）

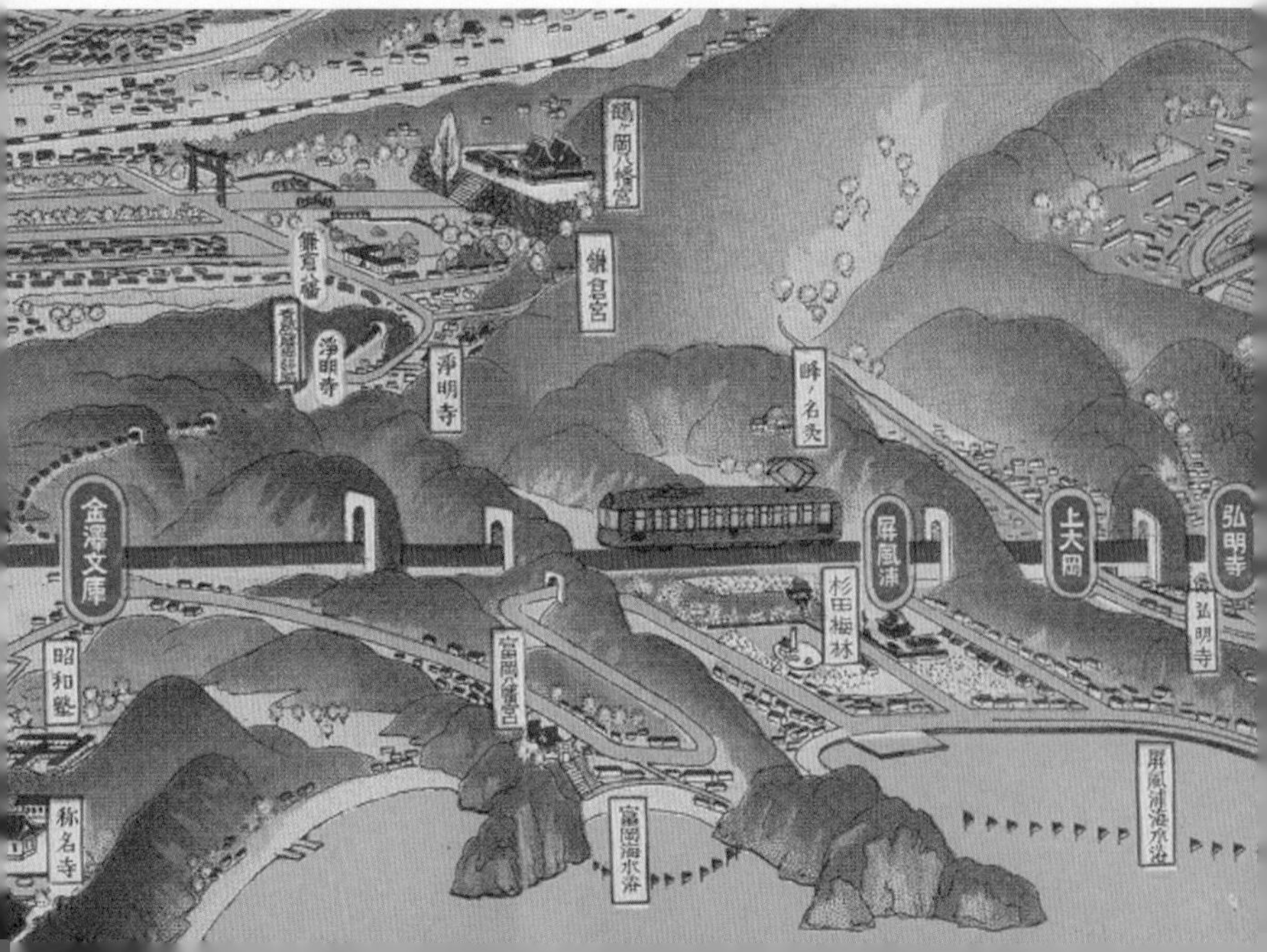

年9月、横浜から浦賀・三崎、三浦半島を一周する路線の建設を目的として設立発起人会を発足させた。しかし路線の調整に手間どり、1923(大正12)年に線路敷設の免許がおりるも、その五日後には、関東大震災に見舞われてしまう。建設中の線路崩壊などの被害を受け、打撃を受けた湘南電気鉄道設立準備会社は開通前に倒産の危機に瀕することとなる。

そこに援助の手を差し伸べたのが品川―神奈川駅が開通していた「京浜電気鉄道」だった。京浜電気鉄道の資本参加を得て、1925(大正14)年12月、湘南電気鉄道は会社設立に至る。なお、戦後、京浜電気鉄道と湘南電気鉄道は統合などを経て「京浜急行電鉄」(京急)となる。

1930(昭和5)年4月1日、湘南電気鉄道は黄金町―浦賀駅、金沢八景―湘南逗子駅が開通。図2は、そのプロモーションとして刊行された冊子であろう。「横濱―黄金町」の路線が赤の破線で描かれているが、湘南電気鉄道と京浜電気鉄道が日ノ出町駅で接続を果たし、横浜―浦賀駅の直通運転が開始したのは1931(昭和6)年12月であるため、図2の刊行当初線路は工事中。恐らくの野毛山掘削工事の最中であったことから、暫定的に破線で表現したのであろう。

一方で「櫻木町―黄金町」も赤の破線で描かれている。桜船鉄道予定地上に高架を設け線路を敷設する計画であったらしい。

湘南電気鉄道はもともと三浦半島一円に線路を伸ばし、京浜線(現・JR京浜東北線)が桜木町から桜船鉄道として大船方面に線路を延伸した先で連絡することを期待していた。大震災によって計画が中止となり、予定は大きく狂い、設立自体無意味になりかけたことで、湘南電気鉄道は桜船鉄道予定地と、桜木町駅から三代目横浜駅に至るまでの土地での線路敷設免許の申請をすることになる。このルートで京浜電気鉄道に接続しようと試みたのである。京浜電気鉄道との接続にあたっては、本来ならば野毛山にトンネルを掘るよりも、桜木町駅を経由して三代目横浜駅で接続したほうが労力も費用もかけずに済むはずだ。

東京横浜電鉄との競り合いと野毛山の掘削

1927（昭和2）年、湘南電気鉄道は桜船鉄道予定地については線路敷設免許を得ることができた。ところが、そこから先の桜木町駅から三代目横浜駅までの土地については申請を却下されてしまった。競合していた東京横浜電鉄（現・東急電鉄東横線）が、湘南電気鉄道と京浜電気鉄道との当該ルートでの接続を阻止しようと、線路敷設免許の申請を既に行っていたのだ。鉄道省は東京横浜電鉄に免許を与えたうえ、桜木町—三代目横浜駅の土地は新たに線路を敷設するには面積に余裕がないなどの理由で却下したのだった。

その後、湘南電気鉄道は桜木町駅で京浜線（現・JR京浜東北線）あるいは東京横浜電鉄と連絡する方法も考えたとされ、その計画が図2における「櫻木町—黄金町」の破線で記されているものと推測できる。結局、桜木町駅に乗り入れるにはさらに時間と労力がかかると判断したのか、野毛山を掘削し、京浜電気鉄道が免許を持っていた三代目横浜駅—長者町の延伸予定線を利用して三代目横浜駅—日ノ出町駅を開通・接続させる案を採用。1931（昭和6）年に日ノ出町駅が開業、運転を開始した。1932（昭和7）年に東京横浜電鉄が渋谷—桜木町駅を全通させるも、確執もあってだろうか、両社が桜木町駅で連絡することはなかった。1930（昭和5）年、図2刊行当初はいずれの計画も実現可能性が捨てきれず、破線を用いて記録したのだろう。「なんとしても桜木町駅に線路を引っ張りたい」という悲願を描いた。

なお、1934（昭和9）年に湘南電気鉄道の桜船鉄道予定地における線路敷設計画は正式に中止となり、免許は返上されることになる。1937（昭和12）年には、東京横浜電鉄が同地の線路敷設免許の申請をした。日ノ出町駅まで線路を延伸したかったようだが、結局これも実現することはなかった。

図3　湘南電鉄沿線案内（横浜市中央図書館蔵）
昭和5年頃の路線図

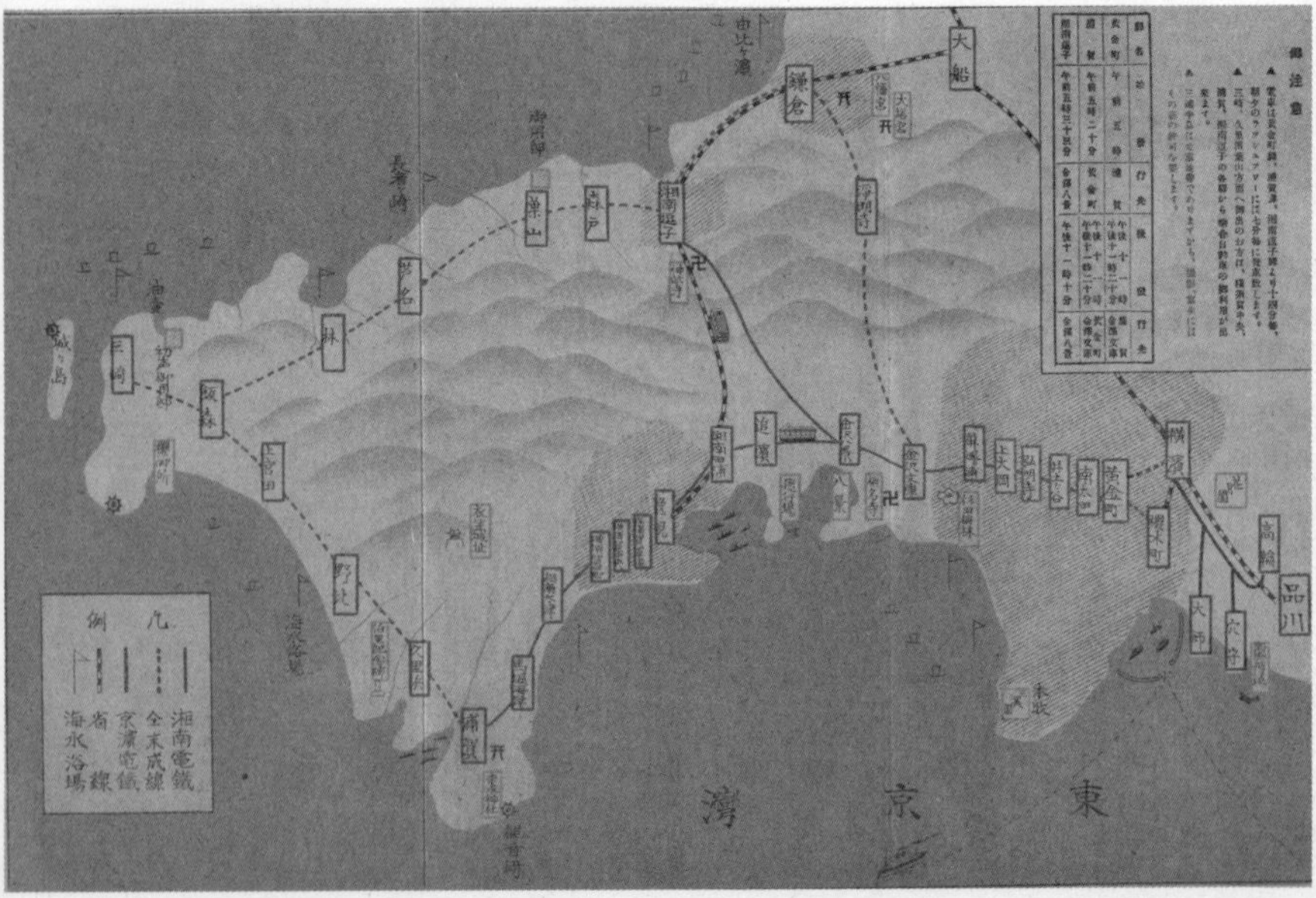

桜船鉄道跡地の戦後

京浜線（現・JR京浜東北線）の桜木町駅から大船駅への線路延伸計画中止ののち、湘南電気鉄道と東京横浜電鉄によって取得されては手離された土地、「桜船鉄道予定地」。1927（昭和2）年元旦の『横浜貿易新報』（現・神奈川新聞）によると、当時の横浜市長・有吉忠一が関係各所にかけあい、日ノ出町にできる新駅が横浜駅とともに「ユニオンステーション」となるよう、働きかけていたという。それだけ、野毛には人や物の流れがあり、古くからターミナル性の高い町として期待されていたのだろう。冒頭の宮川町2丁目の三角地帯は、鉄道用地として切り取られたことで、ぽっかりとできあがった道路上の空間に設けられた。不法投棄が問題となったため、昭和の終わり頃に町内会の呼びかけとJRAの交付金によってベンチなどが設置され、整えられた。かつて大ターミナル駅に接続しようと夢見た各鉄道会社が同土地で免許の取得合戦を繰り広げた記憶をささやいている。

＊　＊　＊　＊

参考文献等

・岡田直（2005年）「1920―30年代横浜における郊外電鉄の都市内乗入れをめぐって」『横浜都市発展記念館紀要No1』横浜都市発展記念館
・岡田直（2023年）『横浜、都市と鉄道の150年』有隣新書
・横浜都市発展記念館（2011年）『「地図」で探る横浜の鉄道』横浜都市発展記念館
・『中区土地台帳付属地図』開港資料館蔵

「R」の初代店舗（塚田マスター所有の画像より）
桜船鉄道予定地に昭和 21 年創業。昭和 20 年代撮影と思われる。レストランとしてスタートしたらしい。モダンな建物は時勢的に看板建築だろうか。
R で呑んだエッセイは 28 頁参照

こうして野毛には人が集まった

ターミナル駅としての発展史

野毛のヤミ市時代以前の賑わい

野毛発展の歴史は戦後から語られることが多い。小さな飲食店が密集する繁華街としての野毛のルーツが戦後ヤミ市にあるからだろう。しかし、そもそもヤミ市が発展した経緯を突き詰めていくと、ずっとずっと昔からこの土地には人が集まりやすい土壌があったのだという考えに至る。

開港にあたって、開港場と東海道筋を結ぶ横浜道《よこはまみち》の沿道に位置した野毛浦（野毛村）には港の警備にあたる役人の家が設けられた。道すがらには商店が並びはじめる。やがて日本初の鉄道が敷設され、初代横浜駅（現・桜木町駅）が開業すると、交通の要衝として急成長していく。国有鉄道に続き、横浜市電、京急、東急…と、鉄道各社が乗り入れのために鉄道敷設用地の確保に走った。そんなターミナル性の高い土地だった。

本章では開港からどのように交通が発達し、野毛の賑わいは増していったのか、その変遷をたどってみたい。

開港場をめぐるアメリカと幕府の攻防と野毛発展の礎

1858（安政5）年の日米修好通商条約締結において、幕府は開港場（神奈川）をどこにするかの交渉で、東海道筋の神奈川宿付近にしたいというアメリカの要求をのむことはできなかった。日本人と外国人の衝突を避けるためには宿場町から隔てる必要があること、外国人を大名行列の通る東海道から遠ざけたかったことなどが理由である。代替案は寒村・横浜村。神奈川宿からは見ることのできない崖の向こう側だ。これに対して、そもそも大都市を開港することを求めていたアメリカは大反発した。そんなわけで、幕府は一方的に押し切るかたちで急ピッチで新道を拓いた。芝生村（現・浅間下交差点）から、当時の海岸線に沿って新田間橋、平沼橋（現・元平沼橋）、石崎橋（現・敷島橋）を架けて道を築き、戸部村から野毛山を越える「野毛の切通し」をつくり、野毛橋（現・都橋）、吉田橋を架けて馬車道付近を通って開港

「横浜平沼橋ヨリ東海道神奈川台井カルイ沢茶店又遠ク大師河原ノ裏ヲ見ル」
五雲亭貞秀（横浜市中央図書館蔵）
東海道から横浜道に入り、まもなくの平沼橋から眺めた開港場（関内エリア）方面。野毛の崖に視界を遮られ開港場が見えないのは幕府にとっては好都合だった

場である関内エリアへと誘う道、すなわち「横浜道」が、1859（安政6）年に誕生する。開港日直前の完成だった。

その沿道にあった「野毛」には、開港場警備の役割を担った福井藩士たちの居住する太田陣屋が設けられた。現在の日ノ出町駅のそばである。また、神奈川奉行所の役人たちの住宅も次々と構えられた。人の流れができると沿道には茶屋などの商店が並ぶ。

こうして野毛が発展していく土台はできあがっていった。

横浜道のルートマップ（国土地理院の地図に編集部加筆）
現・浅間町交差点のあたり（旧・東海道筋）から野毛山を越え、野毛橋（現・都橋）、吉田橋を渡り、馬車道を通って開港場に至る。

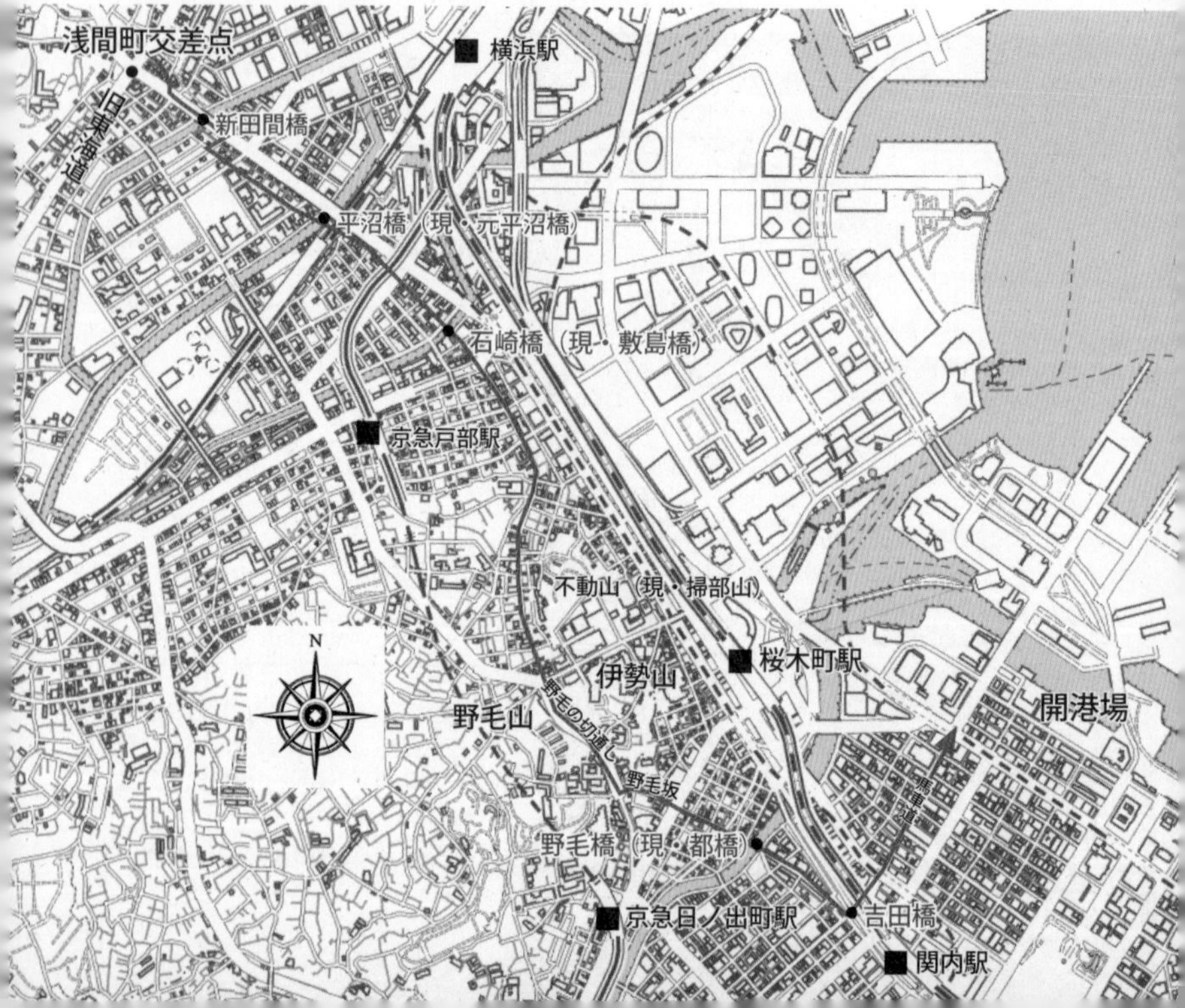

商人の町へ

明治時代に入ると、（幕府とは打って変わり）政府は外国との友好関係を築くため、街の開発を推し進めた。1872（明治5）年には日本初の鉄道が敷設され、初代横浜駅（現・桜木町駅）が開業する。駅前には客待ちの人力車が並んだ。

現在の伊勢佐木町・福富町エリアにあった吉原遊郭が火災により高島へと移転したあと、同エリアには興行地として芝居小屋の蔦座・勇座・賑座などが次々と開場する。伊勢佐木町を目指す人々は初代横浜駅で列車を降りると野毛を経由して伊勢佐木町へ向かう。そして帰りにまた野毛へ立ち寄ってお金を落として帰っていく。

1870（明治3）年に野毛山に遷座された開港のシンボル伊勢山皇大神宮（167頁参照）にも、多くの参拝客が訪れるようになる。

明治20年代に入ると、原善三郎、茂木惣兵衛など横浜実業界の重鎮たちが野毛山に別邸を構えた。野毛の商人はこれら

『横浜鉄道館蒸気車之図』（明治5年）三代広重（横浜市中央図書館所蔵）
初代・横浜駅舎と鉄道

の邸宅へ品物を納める。「一流品を扱えば商売になる」とされたそうだ。野毛という小ぢんまりとしたエリアながら、生活における需要と共有がしっかりとかみ合っていた。加えて、一流品を揃える店も軒を連ねていたとなると、外からも交通機関を使って人が集まる。

明治政府の積極的な開発にともない人の往来が増えたのに加え、商売が成立する町としての土壌が形成されていったことにより、戸部村の一部だった野毛は大いに成長していく。

1904（明治37）年には路面電車の横浜電気鉄道（のちの横浜市電）が、神奈川—大江橋（桜木町）の第一期線を開通させ、翌年に第二期線として大江橋—西の橋（元町）などを開通させる。こうして、野毛はターミナルとしてのアドバンテージを高めていくことになる。

『横浜野毛伊勢山従海岸鉄道蒸気車ノ図』（明治７年）三代広重（横浜市中央図書館蔵）
伊勢山皇大神宮の賑わい。右奥に鉄道が見える

関東大震災後に訪れた交通網の拡大期

横浜の交通網が爆発的に拡大し、それにともない、野毛が交通の要衝としての役割を担うようになったきっかけのひとつが1923（大正12）年に発生した関東大震災からの復興であった。

野毛の最寄り駅である桜木町駅（1915年に「横浜駅」から改められる）、横浜電気鉄道（のちの横浜市電）の大江橋電停に加え、私鉄の各駅や電停が次々に開業していく。

路面電車の横浜市電は、1928（昭和3）年から翌年にかけ、長者町線、日の出町線が開通。野毛には

市電が走っていた頃の野毛の交通網（国土地理院の 2023 年の地図に編集部加筆）

桜木町駅、日ノ出町駅、そして野毛に設けられた市電の電停

「野毛大通り」「野毛山遊園地入口」「野毛坂」「日の出町一丁目」電停が開業する。

1930（昭和5）年、湘南電気鉄道の黄金町―浦賀が開通。翌年、京浜電気鉄道の黄金町―横浜間の連絡線が開通。湘南電気鉄道との連絡線開通にともない日ノ出町駅が開業する。1932（昭和7）年、東京横浜電鉄（現・東横線）が高島町駅から延伸し桜木町駅を終着駅とした。さらに同年、横浜線（現・JR横浜線）が桜木町駅に乗り入れ、桜木町―原町田の運転を開始する。

人々は各駅・電停のあいだを行き交い、野毛の通りは乗り換えの客で大いに賑わったという。かくして野毛はターミナルとして成熟期を迎えることになる。1945（昭和20）年5月29日の横浜大空襲では、横浜の交通網も甚大な被害を受けた。しかしながら、関東大震災復興において培ったノウハウにより、目覚ましい早さで復興する。戦後、野毛がヤミ市で発展していく土壌は、こうした交通網の発達に頼ったところが大きい。

転換期を乗り越えてきた野毛の底力

終戦直後、野毛の町に自然発生的に、ヤミ市が形成される。疎開していた者が横浜の自宅に戻ってくると、生活必需品を求め、こぞって野毛を目指した。戦前最も大きな繁華街だった伊勢佐木町が進駐軍に接収されたことで、露店も人々も野毛に集まった。「ないものはない」といわれるほどの規模、店と品の数々。その混雑ぶりは「人で地面が見えないほど」だったという。戦前、横浜憲兵隊の庁舎が現「ウインズ横浜」（宮川町3丁目）の場所にあった頃は、周囲に飲食店を構えることを規制されていたところ、終戦後の1947（昭和22）年には憲兵隊庁舎跡地に横浜国際劇場、マックアーサー劇場が開館し、野毛には飲食店が一気に増えた。横浜大空襲による被害は甚大だったが、鉄道も路面電車も線路が無事で復旧が早かったため、賑わいに拍車を掛けた。かくして戦後一番の繁華街と称されるに至る。

しかしながらほどなくして伊勢佐木町の接収が解除され、店や施設が伊勢佐木町に戻り、人の流れが変わることになる。その後も、時代の流れのなかで野毛はあらゆる課題と向き合ってきた。

野毛の客足に影響を与える大きな出来事としては、1964（昭和39）年の国鉄根岸線の桜木町―磯子間開通により桜木町駅は通過駅となったこと、1972（昭和47）年の市電廃止、1983（昭和58）年のドック移転…。市営地下鉄の開業、東横線の桜木町駅の廃止、そして、昨今のコロナ自粛。転換期が訪れるたび、町は新陳代謝を繰り返してきた。

近年、野毛には若者が増えた。客層の変化に伴って箱型横丁が構えられチェーン店も増えた。聞こえてくる音楽やネオンの発色、空気がだいぶ変わってきたように思う。これまで以上に町は変化していくだろう。

野毛の歴史を語るとき、終戦直後のヤミ市の発展ぶりから語られることが多い、というのは先に述べた通りだが、その最もよかったとされる時代の鮮烈な記憶が往々にしてクローズアップされ語り継がれているため、町の転換期が訪れるたび憂いてしまう人々がいるのは当然のことかもしれない。

しかしながら、開港時代より育まれたターミナル性の高い土地としてのポテンシャルと紆余曲折の歴史を振り返ると、これからも時代の流れに身をゆだねつつも、順応していくことができるのが、開港場を見守ってきた野毛という土地の底力ではないか。

＊ ＊ ＊ ＊

参考文献等

・蘆田伊人（1996年）『新編武蔵風土記稿』雄山閣出版
・中区制50周年記念事業実行委員会編（1985年）『横浜・中区史』
・横浜西区史編集委員会（1995年）『横浜西区史』
・斎藤長秋他（1834年）『江戸名所図会』

市電 1500 型電車 1518 号の車体
野毛山動物園内に展示されている、かつて野毛坂も走っていたという車体。車内は開放されている

コラム　野毛を行き交う人

阿部定さんがいた一ヶ月

宮川町にて

「阿部定という女は知っております。関係については決まりが悪いが詳しく申し上げます。私が彼女を知ったのは2年前の昭和9年11月頃、中区富士見町2丁目の高等淫売店に手入れが入り、女たちが伊勢佐木署へ連行された際、その女たちの身元引受人を頼まれて出向いたところ彼女がおりました、私は彼女に借金のないことを幸いにし、自らの妾になるよう話し、本人も承知したので、宮川町2丁目に一戸を借りたのです。」

警察からの取り調べに対して、地元の名士Kは語りだした。

1934（昭和9）年12月20日、Kは定のために宮川町2丁目に家賃一ヶ月15円の一戸を借り、200円ほどかけて世帯道具を買いそろえ、生活費を与えた。ところが、定は1月29日に姿を消した。Kは続けた。

「ただ一通手紙がきたのです。それが東海道線の汽車のなかから出した浜松局扱いのものでした。『散々迷惑をかけたが奥さんと三角関係はよくないから私は暇をもらって関西へ行って働くことにする』『あきらめてくれ』とありました。私も多少未練があって大いに探しましたが、それを見てそれきりにして、あとは何の便りもないので今ではなんの関係もありません。」

定は一ヶ月ほど住んだ宮川町を後にした。世を騒がせた事件を起こす1年前、30歳のときであった。

父と汽車に揺られ横浜へ

少女・阿部定が、はじめて横浜に訪れたのはさかのぼること、1922（大正11）年7月、18歳のときだった。目を真っ赤にして泣きはらした少女は、付き添いの父親と汽車内でひと言も言葉を交わさない。

横浜駅（二代目）に到着した汽車を降りると、蒔田へ向かう。芸妓屋や娼妓屋へ

馬車交通の最も頻繁なる桜木町通り　（横浜都市発展記念館所蔵）
昭和戦前期の桜木町通りの様子。市電、馬車、自動車、自転車が行き交う

の仲介を副業とする男の家をたずねた。
　不良娘に対し「そんなに男好きなら売ってしまう」と決めると、泣いて謝ったところで聞く耳を持たない父親。金に困っていたわけではない。婚前の娘が恋人をつくったり、男と遊び歩いたり、隠れて金を持ち出していることが逆鱗に触れた。母や姉の必死の説得も虚しい。

　定が神田の職人町で畳屋の末っ子として生まれたのは1905（明治38）年。日露戦争が勃発した翌年のことである。阿部家は江戸時代から四代続く畳屋の名店。多いときは15人も職人が働いていた。父親は、江戸の職人肌で、酒はあまり呑まず、無駄口も叩かない。母親は派手好きだったが、ものがたい、ただ、子

横浜駅　Yokohama Station（横浜市中央図書館蔵）
二代目横浜駅の駅舎。関東大震災で焼失。高島町交差点そばに遺構がある。

どもにはだいぶ甘かった。小さい頃から器量よし。色は白く、鼻筋が通っている。母親はそんな娘が自慢で、小学校には通わせず、見栄を張って、学校の代わりに三味線に裁縫、習字などの稽古に通わせた。年の離れた末っ子であったから、わがままいっぱいに育てた。婿であった父親はそんな母親の子育てにはあまり口出しをしなかったようだ。存分に甘やかされて育った少女は、次第に自由奔放になっていく。

15歳の夏、懇意にしていた大学生と不意に関係を持ってしまったことが、その後の人生に大きな影を落とした。その男に定と夫婦になるつもりはなかった。からかわれただけと知る。

「このようなことを隠して嫁に行くのは嫌だし、これを話してお嫁に行くのはなお嫌だし、もう嫁には行けないのだ。」(『阿部定手記』より)

母親は不憫な定をますます甘やかした。自棄になった定は、家に戻らず、晴着姿でふらふらと浅草に繰り出しては、遊び暮らすようになる。

「金を持ち出しては遊びに行き、不良仲間に奢って遣ったり小遣いをくれたりすると、皆から『定ちゃん、定ちゃん』と騒がれるので、面白くてたまらず…。」

姉の縁談が持ちあがった16歳の4月、家族に疎まれ女中奉公に出される。もっとも、奉公先でその家の娘の着物や宝石を持ち出したことが大事となり、警察沙汰となってしまってから、自宅に連れ戻された定。それから、父親との関係が徐々に悪化していくのだった。

蒔田の紹介屋　関内花街へ

「お定はまだ18。いくらなんでも齢が足りないから、娼妓屋には紹介できませんよ。」

蒔田で芸妓屋や娼妓屋への仲介を副業とする男は遠縁の「I」といった。「娘を娼妓屋に売ってしまいたい」と申し出た父に対して、Iは娼妓屋へは紹介できないと断った。その代わり、「器量は十分。三味線が弾けるのであれば、芸者にしてみたらよい」と提案する。そうしてIはひと月ほどかけて定を受け入れてくれそうな芸妓屋を探した。見つかった先は関内花街。財界人、文化人も訪れる名店が軒を連ねる住吉町の「春新美濃《はじみの》」。18歳の定は前借金300円で抱えられるのだった。

下積みもままならない。不安と同時に父親への憎しみがこみあげる。定は、「親に捨てられたのだから、もう決して家には帰るまい」と決意したのだった。

「お定、また帰ってきたのかい？　女将さんには叱られないの？」

定の金を目当てにしていたIは、いつしかヒモになっていた。そんなIに不信感を抱きながらも、周囲には「義兄」と紹介し、頻繁に蒔田を訪れた定。帰る家のない彼女にとって、I宅が唯一の逃げ場であった。

「私のように途中から入った中年芸者はどうしてもお酌上がりの芸者より芸が劣り、下積みに

なりがちだし、『春新美濃』は一流の芸妓屋で万事が厳重で…」（『阿部定手記』より）
殊に、関内の著名な芸妓屋には、歌舞伎座の経営に関わっている者もいたとされ、その手引きで、芸妓たちの踊りの師匠には一流の者がつけられた。幼い頃より学校での勉学よりも三味線などのお稽古事を優先するよう教育されてきた定ではあったが、厳しい下積み時代を経験してきた関内芸妓たちとの実力の差は歴然であった。一流の芸を持たない芸妓は、春を売って生き残るしかない。過酷な現実。定が関内で芸妓となった頃、花代は、2時間一本で、お約束（予約の場合）が5円、普通で4円。半玉として働きはじめるには歳をとり過ぎていた定はすぐに一本の芸妓となる。「みやこ」と名乗った。
「どうせ親に見捨てられた身…」と、成り行きに任せようと自棄になり、働くより遊ぶことを考え、先の希望など持たずに暮らす日々。神田での少女時代は晴着を着せられお稽古事に勤しみ、容姿にも自信があった定にとって、横浜の花柳界はあまりにも辛く厳しい世界だった。19歳になると神奈川の「川茂中」という芸妓屋へ移る。前借は600円。借金を返しながら土地と男を転々とする定の人生がはじまる。

関東大震災と消えない借金

横浜にやってきて1年が経った1923（大正12）年9月1日。関東大震災が横浜を直撃する。

昭和初期、中央図書館のあたりから眺めた景色と考えられる

開港以来築き上げられてきた横浜の町並みは一瞬で瓦礫の山と化した。その日、ちょうど蒔田のI宅に遊びにきていた定。I宅も芸妓屋も焼失してしまう。しかし店は消えども借金は消えない。「よその町の芸妓屋をあたって返済するほかない」と横浜を離れ、働き口を探す。あらゆる土地を転々とし借金を返しながら食いつないでいくなかで、芸妓から私娼となったのは20歳頃。彼女が再び横浜に戻ってきたのは1934（昭和9）年、30歳だった。

11月頃、中区富士見町の店で高等淫売をはじめた際、地元の名士Kと出会う（冒頭）。妾として宮川町2丁目の一戸に住むことになる。当時の宮川町は医者や弁護士が居を構える閑静な住宅街であったという。宮川町時代について、定は次のように振り返っている。

「Kは放埒でろくな手当もせず、愛情もなく、

横浜野毛山ヨリ見タル市街全景　(横浜市中央図書館蔵)

私を獣扱いにし、別れようとすると平身低頭して哀願するという品性下劣の男ですぐに嫌になりました。」「Kとはなんとかして別れようと思い逃げ出すと田舎の坂戸町まで捜し歩き、Iへお前がおれの妾になっていることを話すとか、世帯を持った費用を返せとか…(中略)…脅すので困り抜き」「昨年(1935年)1月名古屋へ逃げ、それ以来Kとは縁を切ってしまいました」。

まもなく定はKより結婚詐欺などを理由に訴えられることになる。約一ヶ月ほどの滞在期間、定にとって宮川町は重苦しい記憶しか残っていなかったのかもしれない。

最愛の死者への手紙

1936(昭和11)年5月18日、上野の古着屋

で、毛織物の着物の袖を直させながら、束髪の美女は仕切りに時間を気にした。

「横浜行きの汽車に間に合うかしら？」

手には青い小さな風呂敷包みを、さも大事そうに抱えている。

「脱いだお着物も、そちらに包みますか？」。女中がその風呂敷包みを指さすと、「これには触らないで。お店の包紙に包んでください」と、慌てて返した。「今思えば…」と、後に女中は振り返る。古着屋で美しく身なりを整えた女は、横浜へは行かず、上野で一泊し、翌日品川へ向かった。宿に着くなり、筆を執る。「私の一番好きなあなたが死んで私のものになりました。直ぐ私も行きます。あなたの私より」。もとより、届くはずのない、最愛の死者に向けた手紙だった。

16時過ぎ、まだ死ぬ勇気が出ない。そうしているうちに宿に物々しい空気が立ち込める。「警察の者ですが…」、戸の向こうから、はっきりとそう聞こえた。女は「あらそう。阿部定は私です」といい、ニヤリと不敵に笑いながら布団のなかから起き上がった。先刻呑んだビールの酔いはもうさめている。「死のうと思っていたのだけど…。きっと死刑になるのだから同じこと」。監獄が怖いとは思わなかった。死刑を望んでいた。最期まで、「はじめて心から人を愛した」という幸福感に満たされて過ごしたかった。

刑事たちは、定を抱えるように宿を出た。外には黒山の人だかり。無数のフラッシュに目がくらむ。その瞬間から、「阿部定」という名前は、「妖婦」、「女怪」の代名詞として、瞬く間に日本中に知れ渡った。

死に場所を求めて

「当時、私は父を恨んでいたのですが、あとから聞くと父は一時男相手の商売をさせればすぐに厭になり、謝って帰るに違いないから、その時は迎えに行くと母や姉に云っていたそうです。」（『阿部定手記』より）

不良になった娘への父親による荒療治であると知ったのは、ずっとあとのこと。1934（昭和9）年の正月、父親が重篤だと知らされ駆け付けた実家で、「お前に看病されるとは思わなかった」と目に涙を浮かべた父親。

「今でもこの時だけは本当の親孝行をしたと思っております。」

少女時代の横浜での出来事が、父の死の間際までわだかまりとして残り続けていた。18歳の夏から帰る場所を失い、拠り所を求め続けた。「商売女であるという意識」と、そこからくる劣等感に苦しめられた半生。そして30歳を過ぎて、やっと見つけた最愛の人だった。

「横浜行きか、それとも大阪行きか…」

現場となった尾久（荒川区）の待合から姿を消した定。行方を追った警察は、関東、関西、東海道、海外は朝鮮、大連に配るためポートレートを3000枚刷ったとされる。当時の『横浜貿易新報』によると横浜潜伏説も流れ、伊勢佐木署には仮本部が設けられた。野毛町の藤松旅館にいるという誤報があり警察が踏み込むなど、センセーショナルな事件に横浜の町も翻弄された。

定は迷った挙句、大阪行きの切符を購入したという。それも途中で翻意し返金している。命よりも大切な小さい風呂敷包みを抱え、平静を装い、死に場所を探した。当時を知る警察関係者によると、定は取り調べのあいだも愛する男の血の付いた肌着を身体に巻きつけ、頑なに離そうとしなかったという。仮に定が横浜に死に場所を求めたとしても、それは野毛の町であるはずはなかった。

＊　＊　＊

参考文献等
・堀ノ内雅一（1998年）『阿部定正伝』情報センター出版局
・前坂俊之（1998年）『阿部定手記』中央公論社
・木村一郎『お定色ざんげ　阿部定の告白』（1998年）河出書房新社
・中区わが街刊行委員会（1986年）『中区わが街』中区わが街刊行委員会
・横濱商況新報社（1910年）『開港五十年記念横濱成功名誉鑑』横濱商況新報社
・横浜貿易新報社（1979年）『横浜開港側面史』歴史図書社

横丁酒場で呑む

昔ながらの横丁の香り

京急日ノ出町駅に降り立ち、大岡川沿いを歩くと見えてくるのが、川にせり出すように構えられた1室3坪の横丁ビル「都橋商店街」。桜木町駅前には地下二階に立ち呑み横丁のあるビル「ぴおシティ」。そのほかにも、野毛本通り、野毛小路、仲通り、柳通り、中央通り…各通りから枝葉のように伸びる小さな路地には、店主ひとりが営むカウンターだけの小料理屋、バーがひしめき合っている。まさに野毛の町は横丁で構成されているといっていい。

開港にともない横浜道が拓かれてから、役人の住宅が建ち並ぶと、野毛の町には商店が増え、人と物の流れが生まれた。やがて交通が発展し、町がますます活気づいた。ただ、当初は物販がメインだったようで、今のような「横浜の一大飲食店街」というイメージが定着していくようになるのは、やはり戦後のヤミ市からの流れであろう。そんなわけで、戦後のヤミ市が形成されていった背景に触れながら、町を歩いてみたい。

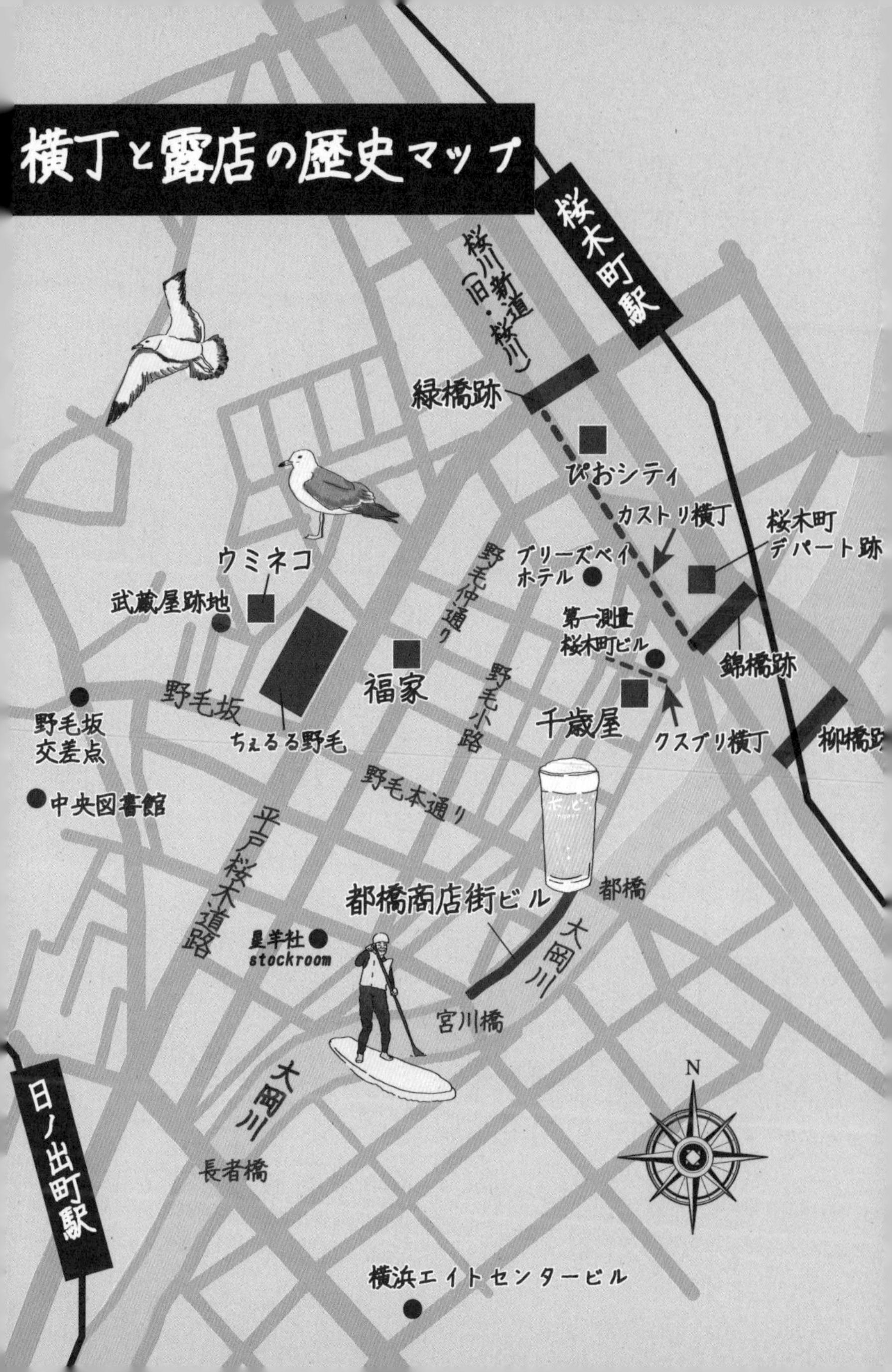
横丁と露店の歴史マップ
桜木町駅
桜川新道（旧・桜川）
緑橋跡
ぴおシティ
カストリ横丁
桜木町
デパート跡
ブリーズベイ
ホテル
ウミネコ
武蔵屋跡地
野毛仲通り
第一測量
桜木町ビル
錦橋跡
福家
野毛坂
野毛小路
千歳屋
クスブリ横丁
柳橋跡
野毛坂
交差点
ちぇるる野毛
中央図書館
野毛本通り
平戸桜木道路
都橋
都橋商店街ビル
大岡川
星羊社
stockroom
宮川橋
大岡川
長者橋
日ノ出町駅
横浜エイトセンタービル
N

野毛の横丁の軌跡

野毛の横丁と聞くと何を思い浮かべるだろうか。

終戦直後の野毛に存在した「カストリ横丁」「クジラ横丁」か、「ハーモニカ横丁」とも呼ばれる野毛のランドマーク的存在の都橋商店街か、はたまた昨今あちこちに増えてきているビルのなかに小さい店舗が集まった「ネオ横丁」かもしれない。

いずれにせよ、野毛ほど横丁という言葉が似合う町は、そうはないだろう。どうしてそのような町ができあがってきたのか、戦後の野毛が横丁とともにどんな歩みを進めてきたのかを振り返ってみよう。

ヤミ市の町・野毛

終戦後、横浜一の繁華街であった伊勢佐木町が進駐軍に接収されると、川を挟んで隣の野毛が「日本人の町」となり、通りには自然発生的にマーケットが生まれた。

資料に残されているものとしては、まず1945（昭和20）年11月1日に県と市と横浜露天商組合が野毛の通りに横浜マーケットを開設、1946（昭和21）年の夏には露天商を取り仕切っていた肥後盛造氏が野毛商業協同組合を組織し、野毛坂の四つ角（現・野毛坂交差点）に野毛坂マーケットを開設とある。

　この頃、物資は配給で価格も統制されていたが、配給される量が極端に少なかったため、どこからともなく集められた統制外の物資を、人々は生きるためにヤミ価格で買わざるを得なかった。野毛のマーケットも必然的に「ヤミ市」として機能することになる。

　接収されていた伊勢佐木町界隈と隣接していたことで進駐軍からの放出品や横流し品が集まりやすかったことや、鉄道や市電などが通り交通の便がよく、地方からの食料や衣料を調達しやすい立地にあったことから、次第に「手に入らないものはない」といわれるほど露店の数も

野毛のヤミ市　池田義夫氏提供（横浜市史資料室蔵）
野毛本通りで、正面奥は野毛山方面と考えられる

店頭に並ぶ商品も増え、野毛の町はヤミ市に集まる人で埋め尽くされるほどの盛況ぶりだったという。

横丁の誕生

ヤミ市に加えて、桜木町駅の近くには職業安定所（現・ブリーズベイホテル）があったので、職を求める労働者たちも集まっていた。日雇い労働者のうち、露店の軒先などで眠る無宿者は風太郎《プータロー》と呼ばれ、戦後まもなくの野毛には2000人以上ともいわれる風太郎がいた。

やがて、ヤミ市に集まる客や風太郎を相手に飲食を提供する露店ができはじめる。

埋め立て途中の桜川（現・桜川新道）沿いの錦橋と緑橋のあいだ（67頁地図参照）には、芋などを原料とした粗悪な密造酒である「カストリ焼酎」を出していた露店が並び、誰ともなくこの一帯を「カストリ横丁」と呼ぶようになった。この頃、ヤミ市の近くにカストリ横丁と名付けられた通りが新橋、有楽町、新宿をはじめ日本の各地で見られたという。

カストリ横丁では、貴重なタンパク源としてクジラが提供されていたことから、「クジラ横丁」とも呼ばれていた。この点諸説あるが、一帯について「昼はクジラ横丁、夜はカストリ横丁と呼ばれた」という記述があることから、ふたつの横丁はだいたい同じ桜川沿いの錦橋から緑橋までの露店の並びを指していたと考えられる。

また、錦橋近くにあった石炭ビル（現・第一測量桜木町ビル）の裏側にある40メートルほどの通りは、進駐軍の残飯などを利用したオジヤを煮込み、鯨の肉を焼く煙がモウモウと立ちこめていたことから「クスブリ横丁」と呼ばれていた。

ほかにも、「オケラ横丁」、「ドンブリ横丁」、「泥棒横丁」、「ションベン横丁」など、場所が定かではないものも含めて、野毛の町中にさまざまな横丁が誕生していたという。決して衛生的とはいえない横丁ではあったが、一杯10円のクジラのごった煮と一合25円のカストリ焼酎に終戦直後の荒んだ人々の心はどれだけ癒やされたことだろう。

物資と人が集まり、復興に向けてのエネルギーに満ち満ちていた。この時代、接収されていた伊勢佐木町に代わって野毛は確かに横浜の中心であった。

桜木町デパートの誕生とクジラ横丁・カストリ横丁の消滅

戦後すぐの野毛の繁栄の象徴であり、名物ともなっていた横丁や露店は、衛生上の問題や交通の支障と

野毛カストリ横丁（奥村泰宏氏撮影　栗林阿裕子氏寄贈・横浜都市発展記念館所蔵）

昭和 24 年撮影。桜木町駅前の桜川沿いに飲食店の小屋が並んだ

なっていたことから、復興が進むにつれて町の発展と露店の存在が干渉しあうようになり、その撤去が議論されるようになる。

なかでも以前から埋め立てて幹線道路となる計画のあった桜川沿いの露店の撤去について、市と野毛商業協同組合は露店側との交渉をほかの地区よりも早い昭和20年代中頃より進めていくことになった。撤去の対象となる露店は464軒にものぼり、交渉が難航したため、移転先として「桜木町デパート」を建設することになる。

1953（昭和28）年2月に建設された桜木町デパートは、現在の桜木町駅前駐車場と桜川新道のうえあたりに位置した。二階建て360坪（1190平方メートル）の建物に1室約3坪（約10平方メートル）で138軒が入居し、ほとんどが飲食店であった。資金などの関係で露店の全部を収容するわけにはいかず、カストリ横丁には38軒の露店が残っていたが、1953（昭和28）年3月、市はついに強制撤去にふみきり、クジラ横丁、カストリ横丁は消滅した。

野毛本通りの露店消滅と都橋商店街ビルの誕生

その後、桜木町駅前の露店が自主的に屋台を撤去するなど、町の発展と美観保持のためという理由で次々と露店が撤去されていくなか、昭和30年代後半まで野毛本通りには62軒ほどの露

写真上／1960（昭和 35）年当時の野毛小路（加藤一氏所蔵）
野毛本通り沿いだけでなく、野毛の町のいたるところに露店があったことがわかる。通りの先には桜木町駅があ

写真下／取り壊し前の桜木町デパート（横浜市史資料室蔵）
一階入口上に「酔郷と味覚のセンター」とある。昭和 47 年取り壊し

店が残っていた。市は東京オリンピックの開催を契機として、1964（昭和39）年1月、移転先として、1室3坪の62店舗が入居できる「都橋商店街ビル」を建設することでようやく露天商側と交渉がまとまり、戦後から続く野毛の名物である露店・横丁が姿を消すことになった。

今の野毛につながるもの

伊勢佐木町の接収が解除され、横浜駅周辺の開発などが進むと賑わいは分散し、野毛は横浜の中心ではなくなったが、戦後直後の横丁が担っていた呑み屋街としての性格が強まっていく。京浜東北線の延伸で桜木町駅が終点ではなくなったこと、ドックの移転、駅反対側のみなとみらいの繁栄、東横線の横浜駅―桜木町駅間の廃止、コロナ禍など、逆風となるべき事由は枚挙にいとまがないが、現在も野毛の町には人が溢れている。

小さい店が多く、狭い店にはそれぞれの店主がいて、客がいて、ひとつひとつの店に多様な人間模様があり、そんな店が数百軒と連なって、一種異様な活気を生み出している。野毛の町全体がそんな横丁的な魅力をたたえている限り、人々はこの町に惹かれてやってくるだろう。

参考文献等

・中区制50周年記念事業実行委員会編（1985年）『横浜・中区史』
・高見順編『目撃者の証言』宮内寒弥著（1952年）
「ヨコハマの日本人街―野毛町ルポルタージュ」青銅社
・伊奈正司（2015年）『やけあと闇市　野毛の陽だまり』ハーベスト社
・中区わが街刊行委員会（1986年）『中区わが街』
・野毛地区街づくり会・横浜商科大学編（2011年）『横浜・野毛の商いと文化』
学校法人横浜商科大学
・大谷一郎（1986年）『野毛ストーリー』神奈川サンケイ新聞社

野毛の横丁年表

1945 昭和20
8月15日 終戦
11月1日 県と市と横浜露天商組合は野毛の通りに横浜マーケット開設

1946 昭和21
夏 肥後盛造が野毛坂の四つ角で「野毛坂マーケット」
8月14日 当時管轄の加賀町警察署によって、米・衣類の配給統制品販売の一斉取締
11月 野毛露店施設組合によって移動式連鎖店登場（いつでも動かせ一店一店連結できる）
12月 桜木町駅前の県有の空地に引揚者有志によって食料や衣類を販売する22店の本格的マーケットが開設。「協進百貨店」「協進デパート」となったあとに、のちのゴールデンセンターに発展

1947 昭和22
桜川沿いに自然発生的にカストリ焼酎を出す露店が現れる
（カストリ横丁）

1948 昭和23
9月 宮川町3丁目に場外馬券売り場開店
11月 警察及び野毛振興会は、桜川寄りのクジラ横丁、クスブリ横丁、カストリ横丁の露天商に対して、いつでも撤去できるようにすることを申し入れた。難航するも錦橋寄り130軒が受け入れ。

●1949年
日本貿易博覧会
（第一会場・野毛山）

1951 昭和26
11月 錦橋と緑橋の間のカストリ横丁の一部（85店）店舗を撤去。未だ残る464軒。
これら屋台収容のため桜木町デパートをつくることになる

●1950年
朝鮮戦争勃発

1953	昭和28	2月	桜木町デパート完成	
		3月	残った露店を強制撤去　クジラ横丁、カストリ横丁が姿を消す	
1954	昭和29	2月1日	桜木町駅前に残る露店19軒が交渉の末自主的に屋台取り壊し	
		10月14日	緑橋から西区にかけての桜川沿いの露店が強制代執行により撤去	
1956	昭和31	7月	横浜公共職業安定所が接収解除された寿町に移転	
1957	昭和32	4月	横浜労働出張所日雇労働者柳橋集合所が寿町に移転	
1964	昭和39	1月	野毛本通りに残った最後の露店62軒を撤去するため都橋商店街ビル建設	東京オリンピック
		10月	地元町内会の反対もあったが、最後の露店62店が都橋商店街へ入居	
1968	昭和43		ゴールデンセンター完成　1982年から愛称「ぴおシティ」へ	
1972	昭和47		桜木町デパート取り壊し　一部店舗は長者町に同年に建設されたエイトセンターへ入居	横浜市電廃止
1976	昭和51		市営地下鉄が延伸開通　地下鉄桜木町駅開設。ゴールデンセンターと直結	

イル
スナック
はる美
サントリー生ビール
IBUKI
明美
さつき
スナックマミ
かほる
APA
Vale

かりゆし

都橋商店街　最後の露店の行く着く先に

都橋から宮川橋までのあいだ、大岡川沿いに緩やかなカーブを描いて建つ都橋商店街ビル（通称都橋商店街）は、90メートルほどの長さに一階、二階合わせて3坪の店が約60軒ひしめいていて、同じサイズの小さな店舗がズラリ並ぶことから「ハーモニカ横丁」と呼ばれることもある。最近になって野毛の雰囲気を象徴する飲食店ビルとして各種メディアに紹介されることが多くなり、ロケ地としてもよく使われていることから、観光地のように訪れる客も増えてきているらしい。新しいお洒落な店も増え、若い世代の客で賑わう通りを見ていると、このビルが戦後のヤミ市時代からの流れをくむ歴史を持つことを忘れそうになる。

１９６４（昭和39）年に建設された都橋商店街ビルに、野毛本通り沿いに残った最後の露店が収容された経緯については、68頁を参照されたい。

１９６５（昭和40）年の『中区明細地図』を見ると、一階は衣料品や靴などを扱う店が並び、二階は最初空室がほとんどの状態で、数年後にはスナックやバー、小料理屋などが並ぶ飲食店街となる。宮川町で古くから商いをしている方に話を聞いたところ最後まであった露店の多くは衣料品や靴などを扱う店だったというから、二階では同じような商売をするのは難しいからと業態変更や権利譲渡などがあったのだろう。

現在還暦を過ぎたあたりの人が高校生の頃（1970年代後半）、一階にある衣料品店で制服改造（ボンタン、ドカン、刺繍入れなど）をお願いしていたという話や、1980年代にスカジャンを買いに行ったことがあるという喫茶みなとのマスターのエピソードを耳にしたので、その当時は普通よりも少し「ヤンチャ」寄りの衣料品店が多かったのかもしれない。


自分が都橋商店街を意識したきっかけは、公開から何年か経ってレンタルビデオで観た「私立探偵濱マイク」の映画『はるかな時代の階段を』でロケ地として使われていたからだった。見に行ってみると、2000年を少し過ぎたその頃の都橋商店街は、一階の衣料品店群がバーや小料理屋、スナックなどに代わっており、靴屋が数店と電気屋、時計屋などがわずかに残っていた。通路には「抱きつきスリ注意」などという聞き慣れない言葉の注意書きがあったり、二階の店舗は窓がなく店内の様子もわからなかったりで、今では想像もできないほどおっかない雰囲気があって、なかで呑んでみたいと思っても入る勇気もなく素通りするだけでいた。

そんなときに開催されたのが「野毛飲兵衛ラリー」。2004（平成16）年1月末に東横線桜木町駅が廃止されるタイミングで行われたイベントだ。5枚3500円のチケットを購入して、各店舗で1枚渡せば原則30分の滞在時間で1杯と1品が提供されるシステムで、都橋商店街の「ホッピー仙人」も参加店となっていたのだ。チケットさえ握りしめて行けば難攻不落と思われた都橋商店街の店のドアを堂々と開けられる！　自分にとってはまさに渡りに船のイベントだった。

実際に入ってみると、あんなに怖がっていたのはなんだったのかと拍子抜けするほど店主（ここでは仙人と呼ぶのがルールだった）はとても親切で、30分という短い時間ではあったが、気持ちよく呑むことができた。L字のカウンター7席だけの小さな店にはイベントの効果もあって満員の客がいて、隣の客、店主との距離が近い横丁的な雰囲気にすっかり魅了されてしまった。

それからというもの、ホッピー仙人にもよく呑みに行くようになった。お酒と酒場が好きな人が集まる店で、仙人も含めて店内が一体となって「あそこの店もよかったよ」なんていう情報交換をしながら呑むのが楽しくて、自然と野毛に馴染みの店が増えていった。

元はといえば、戦後に自然発生的にできた露店を撤去し、限られた敷地に収容するためにつくられた狭小な3坪の箱なのだが、むしろこのコンパクトさが濃いコミュニケーションを生み出す装置となっているのではないかと思うことがある。

都橋商店街ほどではないが、野毛にはそんな小さな店が数百軒とあり、今も自分が開けたことのないドアがまだまだあると思うと、なんともわくわくするのである。

◆　都橋商店街ビル

住所…横浜市中区宮川町1- 8 から野毛町1-22- 1 に跨る

定休日…店舗によって異なる

ぴおシティ　黄金の地下横丁

桜木町駅から野毛の中心部までのあいだには大きな通りが2本もあって、信号を三つも渡らなければならないので、地下道の「野毛ちかみち」を利用する人は多いだろう。その途中のぴおシティ地下二階フロアには呑兵衛を誘惑してやまないスポットがある。

「ぴおシティ」は正式名称を桜木町ゴールデンセンターといい、1968（昭和43）年に建設された。ぴおシティは1982（昭和57）年の改装時につけられた愛称なのだそうだが、現在ではこの名前で呼ぶ人のほうが多い。

現在の区分所有者のうちのひとつ「横浜協進産業」は、引揚者有志によって組織された協進産業が前身で、終戦直後の1946（昭和21）年に桜木町駅前に食料や衣類を販売する22店の本格的なマーケットを開設した。そんなに広くない場所に22店舗もの店がひしめくように入っていたので、横丁的雰囲気のマーケットだったのだろう。終戦から伊勢佐木町の接収解除までの10年ほどのあいだ、野毛はなんでも手に入るヤミ市の町として横浜で一番の繁華街だったというから、桜木町駅前の好立地にあったマーケットも大変な賑わいであったはずだ。その後マーケットは「協進百貨店」、「協進デパート」と名称が変わり、界隈のパチンコ屋や飲食店などと再開発の計画を立て、同地でゴールデンセンターとして生まれ変わることになる。ぴおシティも戦後の野毛の記憶を受け継ぐ象徴的なビルのひとつということができるだろう。

当時の明細地図を見ると、開業当時、地上階は一階から三階までは衣料品店が多く、四階より上は眼鏡、時計・宝石、レコード、カメラなどを扱う店が並び、六階にはお好み食堂、七階にはゲームコーナー、八階には挙式場があった。地下一階には和菓子、洋菓子、生鮮食品、お茶、コーヒーなど、88店舗もの店があったというから、「デパ地下」のある高級デパートのような構成のビルだったことがわかる。大規模な改装を経てこのなかで現在でも残っているのは、ゴールデン文具、青果店の浜っ子と和菓子のもみぢくらいだろうか。

そんななかで、地下二階フロアはビルの開業から今まで飲食店街として続いている。

9月だというのに猛暑日が続いていた頃のこと、平日の昼下がりにポッカリと用事が空いたので、ぴおシティの地下へと潜った。このフロアには昼間から呑ませてくれる店が多く、こういうシチュエーションのときにはうってつけなのだ。

10年ほど前までは競馬客で賑わう土日を除いて、ひっそりとした雰囲気があって、野毛に行く前の景気づけの一杯をやりにくる客が多い印象があった。しかし、6年ほど前に横浜市内の立ち呑みチェーン店が開店したのを皮切りに、名だたる立ち呑み屋や酒場が進出して、現在は20店ほどが並ぶ。一時は飲食店街がなくなってしまうのではないかという雰囲気さえあったので、地下酒場ファンとしては嬉しい限りである。

とはいえ、素面のときは馴染みの店からはじめたい。立ち呑み屋の石松でスタートすることにした。大ジョッキと鯵の刺身を注文するとあっという間にビールが提供された。酷暑で疲弊した臓腑に染み渡り、すっかり生き返った心地がした。少し時間を置いて出てきた鯵は丁寧に切り分けられ、臭みもなく上等だ。立ち呑みの手っ取り早さと、肴のうまさを兼ね備えたいい店だなと思う。

石松はぴおシティ開業当時は果物・ジューススタンド「タミヤ」としてスタートしたと聞いたことがある。立ち呑み屋に転業したのは四十数年前とのこと。このほかに地下二階で開業当時からある（面影を残している）と思われるのは、喫茶店の花壇と、はなみち（旧・第三酒寮キンパイ）、横濱飯店くらいだろうか。2セット目で頼んだ煮込みをホッピーで流しこみながら、開業当時の華やいだ雰囲気を想像する。

店を出てフロアをまわってみると夕方前というのに早くも各店に客が入り、活気のある光景が広がっていた。今日は地上にはあがらず、奇跡の復活を遂げた地下の横丁ではしご酒を楽しむことにしよう。

◆　ぴおシティ

住所…横浜市中区桜木町1-1

定休日…店舗によって異なる

ウミネコ　「まちこ通り」の魚料理

土曜日19時半頃に一本の電話をもらい、平戸桜木道路沿い「ちぇるる野毛」裏手にある横丁「まちこ通り」へ急いだ。足取りはすこぶる軽やかである。話題が話題を呼び、最近ではフリーでなかなか入れない酒場「ウミネコ」。「魚の神に愛されし男」、ご店主のサイトウさんが腕を振るう酒場である。

この夜も席が空き次第電話をくれるとのこと、野毛の町を散策しながら待つ。そして、いよいよお呼び出しがかかったのであった。

仄暗い洞穴のような雰囲気を持つ細い横丁に入り、ウミネコの格子ガラスの引き戸をガラガラと開ける。先客の背後を失礼しながらカウンター席へ着いて、今夜の魚メニューをチェックする。クールで職人肌のサイトウさんはカウンターのなかで茄子のはさみ揚げをせっせとこしらえながら、「今日は箱寿司があるよ」と教えてくれた。心のなかで歓喜の声をあげ、そこをゴールに走り出すことを決めた。まず生ビールは「白ほのか」、突き出しの漬物をかじりながら、目鯛の塩焼き、トマトサラダをいただくことにした。

ウミネコが店を構える「まちこ通り」は戦後まもなく形成された。長さ20メートルほど、道幅1・

5メートルほどの横丁で、現在7店舗ほどがひしめくように軒を並べる。その名称は、かつて横丁内にあった酒場の女将の名前からつけられたそうだ。アーケード風の屋根が設けられているため、表からのぞくと、暗がりのなかに看板と提灯の灯りがよく映え、艶っぽい。失われた昭和の横丁風景を垣間見た気分になる。

ウミネコは2013（平成25）年に都橋商店街二階で創業。3年後に当地に移転した。この場所ではかつて「侘助」という小料理屋が営まれていたが、廃業に際し縁があったためサイトウさんが居抜きで引き継ぐことになった。茶褐色になった梁と柱が印象的な店内、入口の前に燗をつけられる囲炉裏があり、その横にカウンターが延びる。カウンターのなかでは経年により味わいを増した茶箪笥や止まったままの柱時計が、在りし日の野毛を物語っているようだ。座った背後には壁一枚隔てて路地があるというシチュエーション、低めの天井、そこからさがるガラスシェードと柔らかい色の電球の効果が相まって屋台のなかにいるような一体感が生まれる。

近海でとれた旬の目鯛、塩焼きの厚い切り身はずっしりとしている。その存在感にも圧倒されるが、パリパリした皮にジュワッとほぐれる身が素晴らしい。大根おろしとともに付け合わせとして添えられているのは酒盗ではないか。トマトサラダは深さのある器に盛られている。一見冷製スープのようだが、生トマトが旨味の深いトマトソースに浸っているのだ。サイトウさんがつくるメニューは卓に届けられる瞬間、意外性やインパクトに思わずはっとさせられる。

厳選された地酒各種やナチュラルワイン、すだちの生絞りサワー…、小ぢんまりとしたカウンターのなかで刺身から揚げ物までのメニューをこなしたうえ、酒のラインナップからもこだわりが伝わってくる。

泳ぐ魚に軽く触れただけで、コンディションがわかるという。サイトウさんの「魚愛」は幼少期より育まれた。だから私は勝手に「魚の神に愛されし男」と呼ぶことにしている。朝早くから漁船に乗り込み自ら釣った魚を提供することもあるが、「乗船費諸々で足が出る」と、苦笑いする。利益度外視で注がれる情熱と愛情を目の当たりにすると、その営みの尊さが胸に迫ってくるようだ。その夜は数日前に一泊二日で神津島に遠征した話を聞かせてくれた。

名物はやはり刺し盛りだろう。ウミネコの海の幸は、ネタごとにベストな頃合いが見極められている。それが計算された配置、配色で華やかに盛り付けられる。寿司下駄のうえには店主の美学が詰まっている。そして、私が寵愛している箱寿司はそんな海の幸を酢飯のうえにこんもりと盛り付けた至高の〆飯である。しかし、今夜はこれで〆ることができるだろうか。やはりいつものように、もう一杯、もう一杯だけ、と、盃を重ねてしまう。

昭和という時代の置き土産のような横丁で酒精を吸い込み、育まれてきた空間。そこにサイトウさんの仕事が加わると唯一無二の酒場になる。

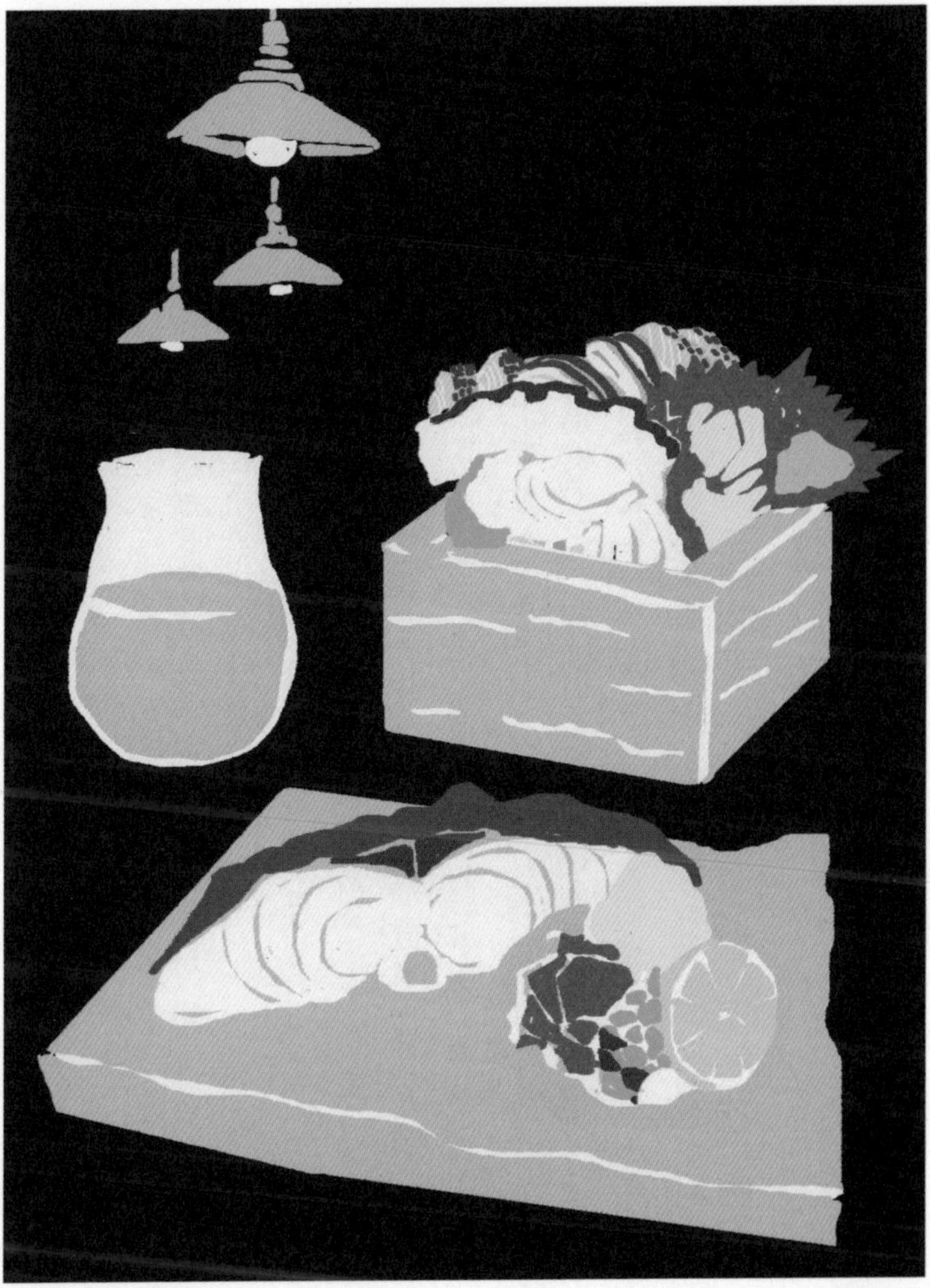

◆　ウミネコ

住所…横浜市中区野毛町３-122

定休日…水曜

福家　古き横丁出身の老舗

はじめて福家の家紋入りの暖簾をくぐったのは、15年ほど前。中央通りと野毛仲通りがぶつかる角にある、ふぐと鰻とどじょうが名物の老舗だ。

その日もとても暑かったと思う。界隈のランチ巡りをしていたところたどり着いた。5人掛けのカウンターには常連と思しき紳士がひとり。ふたつあるテーブル席のうち入口に近い席へ通された。手入れが行き届き、空気が凛としているフロア。目当ては「八幡丼《やわたどん》」。はじめて聞くこの丼メニューは、笹掻きにしたごぼうと短冊切りされた鰻を卵で閉じた丼飯のことだ。鰻の柳川風、といえばイメージしやすいかもしれない。旧八幡村（現在の京都府八幡市）がごぼうと鰻の産地だから命名されたのだろう。一度聞いて忘れない名前はいい名前だと思った。

席に着くと、和装の大女将がにこにことやってきて、陶器の箸置きのうえに家紋入りの袋に入った割り箸、トレーに乗せられた真っ白なおしぼりを定位置に、ことり、ことりと置いた。その音は淀みなく、澄んでいた。できあがった八幡丼は蓋つきの器に入っていた。これに汁と香の物がつく。蓋を取り、対面するまでの数秒のあいだに沸き立ってくる期待感。開けた瞬間の香り、湯気。それをふわりと浴びたときの高揚感。店のまとう空気、大女将の存在感も相まって、至高の時間だと思った。間違いのないご馳走だった。

時を経て、暑い夏の夜、福家の暖簾をくぐった。現在は息子さんご夫妻が受け継いでいる。大女将の姿は見えないが、「母は元気にしてますよ」という言葉に、温かく懐かしい気持ちが蘇った。

福家は1931（昭和6）年に尾上町の交差点角にて創業した。現・横浜第一有楽ビル（コナカが入居するビル）の跡地に、銀行マンだった初代がビルを建て、一階でふぐ料理店、二階でビリヤード場、三階でモダンなバーを営んだ。ふぐ料理は山口県から職人を呼び寄せて提供したという。初代の理想とこだわりが詰まった夢のようなビルだった。横浜大空襲に見舞われ、1947（昭和22）年に野毛3丁目の平戸桜木道路沿い、現・「ちぇるる野毛」の場所でふぐをメインにした料理店として再興した。

戦後の住宅地図のなかでも詳細を記す最も古い昭和31年版「中区明細地図」を確認すると、ちぇるる野毛が建てられる前、当地は小さな酒場が密集する、いわゆる居酒屋横丁のような一角だったことがわかる。ちぇるる野毛の構造は、横丁時代の区画に倣っているようで、平戸桜木道路に面した正面玄関から入ると裏手に抜ける一直線の廊下は、かつての横丁の通りの形状と同じなのである。その通りを抜けると、武蔵屋のあった路地へと繋がった。そしてこの距離約50メートルほど、幅約3メートルほどの廊下（かつての横丁）沿い両脇に6〜8軒の店が並んだようだ。平戸桜木道路から横丁に入って左手、手前から5軒目の場所に福家はあった。

ちぇるる野毛の建設に伴い、1980（昭和55）年に野毛2丁目の野毛本通り沿いへ、そして2005（平成17）年に現在の場所へ、福家は3回もの移転を経て現在に至っている。

現店舗のカウンター席には、そんな歴史と変遷をしのばせる古写真が飾られている。

その日の横浜の最高気温は34度。日は落ちたが蒸し蒸しとした空気、首に巻いた手ぬぐいが汗を含んでじっとりと重くなる。テーブル席について、まずは生ビール。ゴクゴクと喉を潤しひと息ついて、蒲焼と肝わさを注文する。蒲焼のタレの味わいはすっきりとキレのよい印象で、鰻の脂の旨味が引き立てられている。肝はこりこりとして歯ざわりを楽しませてくれる。ビールを二杯呑み干したところで日本酒は櫻政宗をぬる燗でいただく。しっとりと汗をかきながら、でも身体の芯から活力がみなぎってくるようだ。残暑は尋常じゃなく厳しいが暦は既に9月、長い夏を戦った者への褒賞のように、秋をときめくメニューがひときわ輝いて見えた。よし、土瓶蒸しでいこう。17時の口開けで入店し、30分ほど経つと、店内は予約客で満席になっていた。疲れ果てた身体に癒しを求めて…呑兵衛はみな同じ考えなのだ。

松茸、フグ、鶏、銀杏…珠玉の酒肴を詰め込んだ逸品。出汁をお猪口に注いで、添えられたすだちをサッと振りかける。爽やかな香りのあとに、具材の旨味が溶けていく。櫻政宗を流し込むと、はぁ…と、腹の底から声が漏れ出る。五臓六腑がほほ笑む瞬間。

◆　福家

住所…横浜市中区野毛町2-97

定休日…日曜

コラム　食の記録

武蔵屋のおばちゃん

かつて野毛にあった伝説的な三杯屋「武蔵屋」の「おばちゃん」こと二代目店主の木村喜久代さんが97歳で亡くなったという報を受けたのは2019（平成31）年春のことだ。

武蔵屋が閉店した2015（平成27）年以降、おばちゃんの自宅をたずねることが幾度かあった。引退に伴って妹の富久子さんとともに介護付きのマンションに移り住んでいて、そこから私たちの自宅が近かったことから、しばらく交流が続いていたのだ。弊社が2015（平成27）年12月に『横濱 市民酒場グルリと』を刊行したときは、有隣堂伊勢佐木町本店のベストセラーコーナーにこの本が並んだという情報を古い常連さん経由で知ったのだと、年の瀬にお祝いの電話を掛けてきてくれた。そのとき私たちは、熱海の旅館「伊東園」で生ビールの呑み放題を戦っていた、忘れもしない。

おばちゃんの自宅を訪れるといつも甥っ子さんが付き添い、車いすでエレベーターホールまで出迎えてくれる。おばちゃんは決まって武蔵屋の看板だった櫻政宗の上撰の一升瓶を用意していた。湯呑み茶わんを差し出すと、「本当は注いで差し上げたいのだけど」とゆっくり笑った。武蔵屋時代、漢方用の煎じ土瓶で燗をつけられた櫻政宗を、おばちゃんはグラスに表面張力ギリギリ一杯注いでくれた。この流儀は初代から続く武蔵屋の伝統だった。けれど、卒寿を迎えた頃から、一升瓶はおろか、土瓶を持ちあげることも、おばちゃんにはかなりの重労働になっていた。

私たちはとりとめもなくいろんなことを語り合ったが、自然と食べ物の話題が多かったように思う。

武蔵屋の肴のレシピを聞くこともあった。玉ねぎの酢漬けで用意するものは「玉ねぎ、三温糖。それからレモンだけ」。三温糖は「三井製糖」のスプーン印と決まっていた。三井製糖のかつての社名は「横浜精糖」。コクがあるけど優しい口当たりが武蔵屋では代々愛されてきた。鱈豆腐の味付けは醤油と特製の柚子酢。卯の花の野菜は大根の尻尾、キャベツの芯に近い固いところも余すことなく細かく刻み入れて蒸かすとふっくらとするのだという。そんなコツを教えてくれた。

おばちゃんが「魚より肉のほうが好きね」というのは意外だった。季節ごとに湯呑み茶わんを変えるのがおばちゃんのこだわりだった。春にはタケノコ、山椒、秋には柚子が獲れる表情豊かな庭を持つ自宅からは離れがたかったという話もよく聞いて切なくなった。足腰が思うように運ばず、「大好きなお買い物とお料理ができなくなってしまったし、それからすずめにご飯をあげられなくなったのが悲しいわね」と。同じことを聞いたらしい武蔵屋の常連が、マンションの受付におばちゃんに宛てて昔ながらの手づくり豆腐と上等な九条ネギを置いていったとか。名前は名乗らなかったらしい。それでも「今の生活で寂しいことが少しもないのよ」というおばちゃんの言葉には、だいぶホッとさせられた。もしかしたら若いもんに心配はさせまいという優しい意地だったのかもしれないが。

今でも思い出すことがある。付箋メモに走り書きされたその句は、リビングの壁の隅に貼り付けてあった。たずねると、おばちゃんは恥ずかしそうにはぐらかした。

それから半年ほどが経ち、おばちゃんが亡くなり、壁の句のことはすっかり忘れていたのだが、古いデータを整理していたとき、それが細川ガラシャの辞世の歌であることを知った。

父である初代店主の銀蔵さんとともに、戦災から武蔵屋を興した。当時、南仲通にあった店も関内の自宅も全焼し、残ったのは床下にしまっておいた屋号入りの徳利くらいだったという。「焼夷弾というのは、普通の炎より、もっともっと濃くて暗い色をしているのね。私は関内のビルの二階で妹の手を握ってそれを見ていたのよ。それにしても不思議なのが、あれだけの炎のなかで自分の店と家だけは無事だと信じているものなのよね」。おばちゃんが戦争の話をしたのは一度きりだった。

銀蔵さんが臨終の床で三本の指を立てたとき、おばちゃんは三杯屋・武蔵屋を守ろうと決めた。おばちゃんは独身だったが、そういえば、結婚を考えたことがあったともいっていたっけ。

私たちがよく知ってるのは、武蔵屋のカウンターに立つ、毅然としながらも包み込むような笑顔をたたえているおばちゃん。眼前で焼きつくされる町を目にしたときの圧倒的な絶望感とは、どうやって折り合いをつけて生きてきたのだろう。家を守るため勤労奉仕をしたとき、そして父の店を継ぐとき、どんな覚悟を持っていたのだろう。その笑顔の底で…。

ちりぬべき時しりてこそ 世の中の 花も花なれ 人も人なれ
(花も人も、散りどきを知っているからこそ美しい)

あるいはガラシャに自身の人生を重ね共鳴したのだろうか。私はおばちゃんがまもなく散ることを予感して壁に残した思いやりであったような気もしている。優しい意地を持つ人なのだ。もう知る術はないけれど、激動の時代を武蔵屋とともに駆け抜けた97年間の人生の濃度を想う。落ち葉の積もる細い階段と、鬱蒼とした庭、彼女が恋しがった邸宅を思い浮かべた。私の想像のなかのおばちゃんは、庭の片隅ですずめに餌をやっている。

武蔵屋
2015年7月に閉店した野毛の老舗。「おばちゃん」こと木村喜久代さんの父である初代・銀蔵さんが1920年に中区相生町で酒屋として創業。横浜大空襲を乗り越え、1946年12月に野毛へ移転し飲食店となる。提供された肴はコースになっており、素朴ながら素材の味を活かした身体に優しいメニューは多くの呑兵衛を魅了した。喜久代さんは2019年に永眠。武蔵屋の歴史の詳細は『横濱 市民酒場グルリと』(星羊社刊行)に掲載。

コラム　食の記録

千歳屋の豆腐をアテにして

横浜市南区の下町から野毛の周辺に引っ越すにあたって、ひとつの懸念事項があった。

「近所に豆腐屋があるかどうか。」

スーパーやコンビニでも買えるが、一度手づくりの豆腐屋が近所にある生活を経験してしまうと、その存在が欠かせないものとなってしまうのだ。

引っ越してから、野毛のあたりではどこか…と考えていたところ、ふと武蔵屋（98頁参照）の「おばちゃん」こと、木村喜久代さんとの話を思い出した。武蔵屋で出されていた名物・鱈豆腐は近所の豆腐屋さんのものを使っているといっていたことを。

おばちゃんとの会話とネットの地図を頼りに調べてみると、第一測量桜木町ビルの裏手に千歳屋という豆腐屋があるのを発見。実際に行ってご店主におたずねしてみると、探していた店だとわかった。

千歳屋は昭和初期に中区真砂町で創業。現在は、三代目の千葉恭久さんご夫妻が切り盛りされている。横浜大空襲で被害を受け、１９４６（昭和21）年に現在の場所に移ってきたのだという。奇しくも、武蔵屋も同様に中区南仲通から同じ年に野毛に移ってきているので、不思議な縁を感じざるを得ない。千歳屋が移転してきた当時、ちょうどその場所は「クスブリ横丁」と呼ばれていた露店が並ぶ通りで、クジラのごった煮やオジヤなどが提供されていたというから、もしかしたらこちらの豆腐も使われていたのかもしれない。

早速家で楽しもうと、絹豆腐を購入した。生憎、よい鱈が見つからなかったので再現とはいかなかったが、半分は冷奴で、もう半分は湯豆腐で一杯やることにしよう。みょうが、大葉、ねぎ、しょうがなど、薬味をたっぷりのせた冷奴は、ビールと一緒にセットされるとそれだけでご馳走になる。だし昆布を入れた鍋のなかでフツフツと揺れる白い豆腐を自家製のぽん酢につけていただくと、豆の甘さが口のなかにほどけていく。日本酒と合わせると思わず頬が緩む。

引越し先が野毛の近くでよかった。豆の味がしっかりと感じられる豆腐を気軽に食べられるのはなんて贅沢なことなのだろうと、ありがたさを噛み締める。

武蔵屋では酒は三杯まで、つまみは玉ねぎ酢漬け、おから、鱈豆腐、納豆、お新香と決まっていたが、そのうち、千歳屋はおからと豆腐と納豆を卸していたそうだ。これからの寒い季節、一番搾りの瓶ビールと櫻正宗を用意して、武蔵屋再現晩酌が捗りそうである。

◆ 千歳屋

住所…横浜市中区野毛町1-12

定休日…日曜・祝日

野毛の音で呑む

野毛の音に誘われて

野毛の音にまつわる文化は戦後から急速に発展していったようだ。横浜で最も栄えていた伊勢佐木町が接収されたことで、野毛が日本人の町となり、経済だけではなく、娯楽の中心地となった。美空ひばり、笠置シヅ子、淡谷のり子、渡邊はま子、ディック・ミネ…当時を代表する歌手たちが、野毛に建ち並ぶ大型劇場の舞台にあがり、あらゆるジャンルの音楽を届けた（128頁参照）。

伊勢佐木町の接収解除後、大型劇場は廃業や転業を余儀なくされ、時を経るにつれすっかり姿を消してしまったが、こうした町の記憶と下町ならではの気風が絡み合い、個性的な文化が醸成されてきたのではないか。現存する日本最古のジャズ喫茶「ちぐさ」が野毛で営まれ続けていて、そのちぐさと双璧をなすジャズ喫茶「ダウンビート」があって、シャンソニエがあって、レコードプレイヤーを囲んで音楽を肴に酒を呑む店がある。そして、町に根を張る人々の活力の源には、古くから執り行われてきた子之大神例祭と神輿渡御行列の熱がある。

今夜は流れる音に誘われるがまま、町を歩いてみませんか。

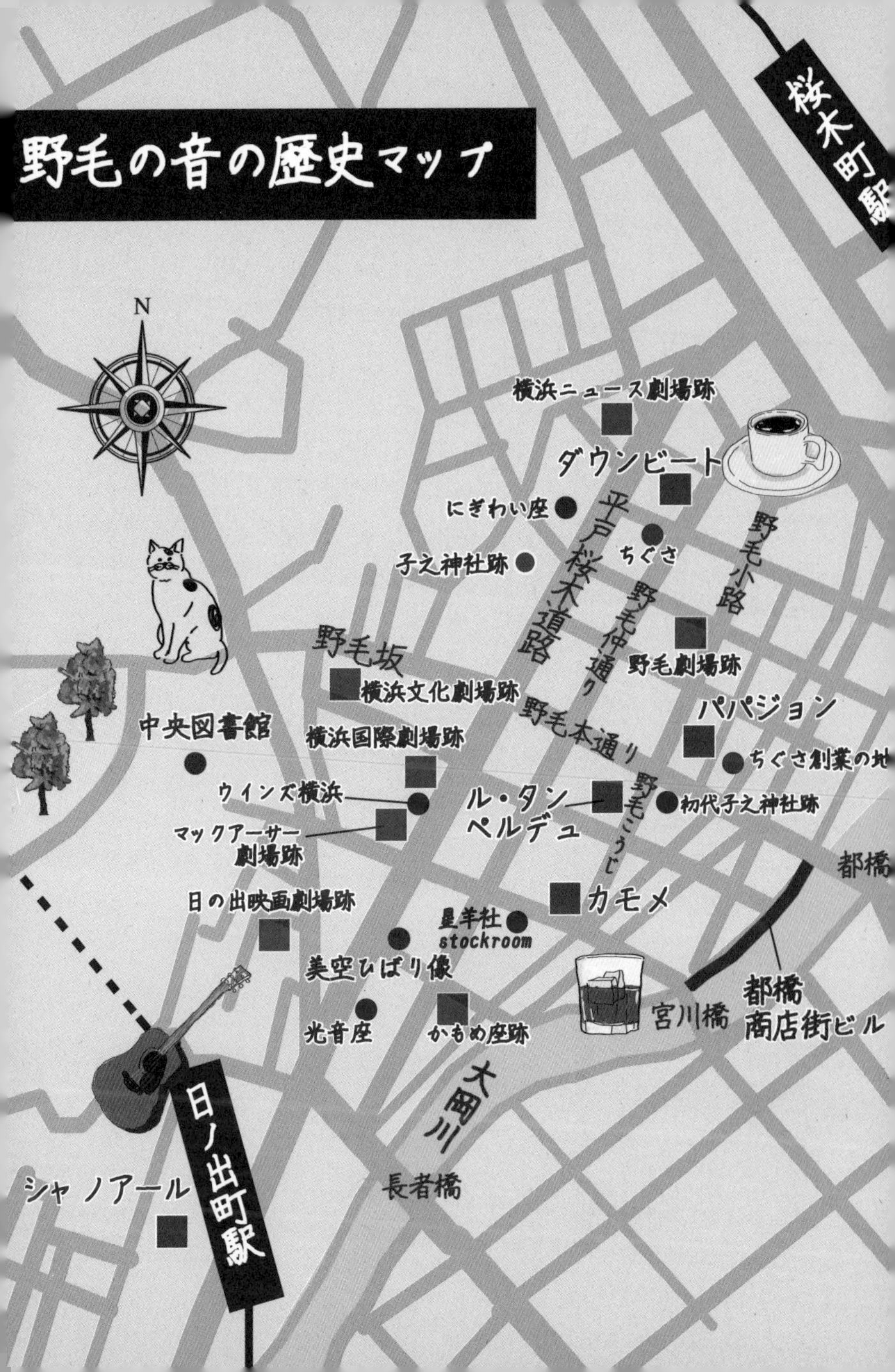

野毛の音の歴史マップ
桜木町駅
N
横浜ニュース劇場跡
ダウンビート
にぎわい座
平戸桜木道路
ちぐさ
野毛小路
子之神社跡
野毛仲通り
野毛坂
野毛劇場跡
横浜文化劇場跡
野毛本通り
パパジョン
中央図書館
横浜国際劇場跡
ちぐさ創業の地
ウインズ横浜
ル・タン
ペルデュ
野毛こうじ
初代子之神社跡
マックアーサー
劇場跡
都橋
日の出映画劇場跡
カモメ
星羊社
stockroom
美空ひばり像
都橋
商店街ビル
光音座
かもめ座跡
宮川橋
大岡川
日ノ出町駅
シャノアール
長者橋

ダウンビート　ジャズ喫茶のアイリッシュコーヒー

ジャズ喫茶「ダウンビート」へと誘う幅の狭い急階段をのぼり、「db」と記された今は懐かしい丸ハンドル付きのアクリル製扉を押す。店内右手は奥行のあるカウンター席、左手には「レコード演奏室」があり、その先にアルテックA7型ヴォイス・オブ・シアターとグランドピアノの置かれたフロア席が広がる。カウンターとフロアのちょうど中間のスペースに椅子を置いて、店主の吉久さんは読書に耽っていた。そこは彼の定位置なのだ。ぎっしりと詰まったレコード棚を背に、大谷能生著の『平岡正明論』を膝の上で開いたままこちらに顔を向け、「いらっしゃい」と応えるなり、「いつになったら理解できるんだろうな、これ」と独り言をいった。

ダウンビートは1956（昭和31）年、ベース奏者でもあった初代店主・安保隼人氏が若葉町にて創業した。野毛の現在の場所に移転したのが1968（昭和43）年。安保氏が1995（平成7）年に亡くなり、まもなくして二代目となる田中公平氏に居抜きで引き継がれた。店名の由来はアメリカのジャズ雑誌から。フロアの天井を見渡すと、この雑誌の表紙や切り抜きが貼り重ねられている。そのなかにちらほらと紛れ込んでいるのは「Vディスク」と呼ばれる35センチSP。戦中から戦後数年のあいだ米軍が娯楽のために兵士に配布したとされる代物は、同店がかつて本牧からやってきた米兵で賑わった頃の名残だろうか。

その日、口開けまもない店内で、1年半ぶりに会話をしたかったから、カウンター席を選んだ。手書きのメニューから「アイリッシュコーヒー　ホット」を注文する。酒もタバコもやらない、ジャズと映画とコーヒーを生きがいにする店主のアイリッシュコーヒーだ。注文してから豆を挽き、ドリップする。鮮度のよい豆の香りが弾け飛ぶ。ソニー・ロリンズの「ホールド・エム・ジョー」に乗って。

現店主が三代目を継いだのは2017（平成29）年、31歳のとき。客として10年ほど通ったのち、IT企業の営業職を辞し、4月1日からジャズ喫茶の店主になった。3月31日、職場で「明日から野毛でジャズ喫茶のマスターになります」とけじめをつけ、菓子折りを置いてきたというから彼らしい。カラッとした気持ちのいい気質だが、ある分野に心酔すると沼の底まではまりこむ研究者肌だ。映画は観るたびにノートをつけるらしい。「若くして老成」という言葉が当てはまる。そんな彼の知識の断片や、涼やかでいて時折見せる「熱」を吸い込みながら過ごす時間は格別だ。

ジャズメンの肖像画で知られる久保幸造画伯が、学生時代にコーヒー代としてロリンズ、アート・ブレイキーなどの油彩画を置いていったという逸話が好きだ。壁に並ぶこれらの絵のなかでまだ紫煙に燻されていない2点は吉久さんが買い足し、額装した。

久保画伯の絵と並んで貼られる『遊歩人』2002(平成14)年の切り抜き記事は、野毛を愛した評論家で野毛大道芸のプロデューサーとしても知られる故・平岡正明が書いたダウンビートにまつわるエッセイだが、随所に鉛筆で校正が入っているのは謎めいていた。平岡氏は二代目に引き継がれたのちも同店を訪れ、フロアのボックス席で編集会議をすることがあったという。刊行されたあとに誤植を見つけ、慌てて校正を入れたのだろうか。茶色く変色した紙切れは、ダウンビートの店内、設備がいかに昔のままかを語っていた。ただ、昭和から平成を経て令和となり、老舗物語の先を編み続けることはそう容易ではないだろう。年代物の造作は次々と壊れる。メンテナンスに追われる。

平岡氏は野毛には「全国的に有名なジャズ喫茶がある」として「ちぐさ」の双璧としてダウンビートを挙げた。その看板の重みときたら…。けれど吉久さんは「使命感や責任感で継いだわけではない。ただ自分の居場所がなくなるのは困ると思った」、そう飄々といってのける。

飴色の耐熱ガラスのカップに淹れられたアイリッシュコーヒー。ダークブラウンとアイボリーの層が美しい。コーヒーの苦味、きめの細かいクリームのまったりとしたくちどけのあとジェムソンがツンと抜け、優しく火を灯してくれる。匙で少しだけ砂糖を入れる。シナモンの匂いを追いかけるように、カルダモンがエキゾチックに香った。

◆　横浜ダウンビート

住所…横浜市中区花咲町1-43 宮本ビル2F

定休日…月曜

パパジョン　紳士淑女が揃った夜に

ここ最近の野毛は、昭和レトロ的な飲食店街としてメディアに取り上げられようになった影響からか、爆発的に人が増えている。桜木町駅前から野毛本通りまで続く「野毛小路」は、行列あり、呼び込み多数、そして人通りの多さからいっても、町の賑やかさを一番肌で感じられる酒場通りだ。2004（平成16）年に東横線の桜木町駅がなくなったあとの町の寂れ具合と比べると隔世の感がある。コロナ禍を経て、賑わいが戻ったことはもちろん喜ばしいことだが、正直なところ、あまりの変化のスピードに戸惑いも感じていた。

週末の夜、野毛小路の人混みを縫うように進み、橙色の直方体型看板が目印の店を目指す。外から仄暗い照明の店内をのぞき込み空席を確認してから、やや斜めに切り込んでつけられた「パパジョン」の扉を開けた。

角が丸みを帯びたL字型カウンターの左端に腰をおろし、ハイボールを注文する。マスターの「ケンさん」こと島村研一さんはいつものように温かいおしぼりを出したあとにアイスピックで氷を削りだした。カウンター内にはサントリー角のキープボトルが350本以上並ぶ5段のラウンドタワー型什器、備えつけられた棚には4000枚以上のレコードがぎっしりと詰まっている。ほとんどストレートかと思うほど濃い角ハイボールをひと口呑むと、やっとひと息ついた心持ちになった。

パパジョンはケンさんの父である故・島村秀二さんが1980（昭和55）年に開店した。それまで元町の伝説的なディスコ「アストロ」でフロアマネージャーを務めていたという。店名はジャズやブルースを得意としたバイオリン奏者のパパ・ジョン・クリーチから。白い口ひげをたくわえ軽快なトークを繰り広げる店主のことを、店名の響きもあってか、客は皆親しみを込めて「パパ」と呼んでいた。開店当初から無休で営業をスタートしたところ、その記録は28年弱、1万日以上にわたって続くことになる。

「最初はそんなに続けるつもりはなかったみたいですけどね。やっていくうちにやめられなくなっちゃったんでしょうね」。最後の6年半を父と母とともに経験したケンさんは笑いながらいう。無休営業は2008（平成20）年、秀二さんの通夜のときに10188日でその記録を終えた。

サンスイの古いスピーカーからは1950年代のジャズが流れている。パパジョンの看板に「ジャズと演歌の店」とあるように、先代はジャズにも明るかったが、美空ひばりをこよなく愛していたことでも知られている。今でも曲がかかることがあるのか聞いてみると「紳士淑女が揃えば」とケンさん。

店内の野毛小路側の壁一面にはミュージシャン、落語家、司会者、作家など、先代が撮った著名人の顔写真パネルが貼られているが、その顔はテレビや本で見るよりも、もっと穏やかで柔らかい表情をしているように見えた。先代に向けられたこの眼差しからもいかに店が愛されていたのかが伝わってきて、それを眺めながら呑むのが好きだ。

二杯目のハイボールを呑んでいると、男女ふたりの客が入店した。私の隣に座るなり、男性のほうがケンさんに平謝りしている。なんでも、その日の昼、彼とスタジアムに野球を観に行くはずが、約束の時間を過ぎても連絡がとれず、チケットが手元にないため「4時間待ちぼうけをくらった」という話だった。「でもいいよ、ベイスターズが勝ったから」とケンさんはいう。寝坊をした彼も酔いが手伝ってか「俺が寝坊したから勝ったのかも」といい出す。カウンターの端では常連が、「優しい男は女を泣かせるんだよね」と呟き、笑う。

カウンターを見回すとそこに並ぶ顔は写真パネルの著名人たちと同じような表情をしているのに気づいた。ケンさんの代になっても、そのスタイル、店に流れる空気は変わらずに受け継がれている。

◆　**パパジョン**

住所…横浜市中区野毛町1-49

定休日…火曜

ル・タン ペルデュ　ハモニカとカルバドス

野毛の町にはいろんな音が溢れている。店から漏れ聞こえる上機嫌な酔客の会話、呼び込みの掛け声、野毛本通りのスピーカーからはジャズのスタンダードナンバーがかかっていたりする。そんな音や喧騒を聞きながら目的を定めず夜の町をさまようのが好きだ。

ある夜、野毛本通りから宮川町方面へと続く「野毛こうじ」を歩いていたときのこと、開いた店のドアから聞こえてきた音にハッとなり足を止めた。通りには自分のほかにも足を止めて聞き入っている人がいる。のぞいてみると小さい店内にドラムとピアノ、ベースとギターの編成でライブを行っていた。ジャズバーの多い野毛では各所でライブが行われているが、パワフルで疾走感のある音が店の外に飛び出して、まるで町を会場にして演奏されているようにも感じられる。店内は満員だったので、その日はしばし町なかに響く音に耳を傾けた。

後日、店を再び訪れた。ドアの上には本物のコントラバスが看板代わりに用いられ、赤いネオンが店名「Le Temps Perdu」を灯している。それを囲むように地元の華道家による緑の花の装飾が大胆に施されている。左側の大きな窓にはベルギーを中心に世界のビールの空き瓶が飾られ、右側の窓からは店内の様子がうかがえる。年季の入った木製ドアを開け、カウンターの一番奥に腰をおろし、タップのビールから見慣れない銘柄の「エストレーリャ ガリシア」を。

ひと口飲んでみると、スッキリとしたラガーだが、後味にしっかりとした余韻があり、うまい。「ヨーロッパに長くいたときに出会ったスペインのビールなんですが、こちらで店を継ぐときに調べたら日本で樽が手に入ることがわかったんですよ」。そう話すのは二代目のマスター、清野美土《よしと》さんだ。

ル・タン ペルデュは野毛大道芸の初代プロデューサー・三橋イクオさんが1989（平成元年）年に開店。パントマイムのパフォーマーとしてパリに10年ほど在住していたときに好んで飲んでいたというベルギービールを日本でいち早く提供した。店名の意味はフランス語で「失われた刻《とき》」。

息子の美土さんは24歳で渡仏し、ハモニカ奏者として15年ほどパリを拠点に活動してきた。自身のバンド「ハモニカクリームズ」はケルトとブルースを背景とするハモニカ、フィドル、ギターによるバンドで、スペインやフランスの世界的なケルト音楽祭のコンクールで優勝した経歴を持つ。コロナ禍をきっかけに日本に音楽の活動拠点を移したと同時に、2022年2月にル・タンペルデュと、同じ通りにある大道芸のライブが楽しめる「Cabaret Café うっふ」をイクオさんから引き継いだ。

ベンチやテーブルをコンパクトにした以外は先代の頃の居心地のよさを残しているという店内で飲んでいると、パリの酒場で飲んでいるような気分になってくる。次の一杯は二代目になってからの名物、カルバドスを頼もう。

カルバドスはフランス・ノルマンディー地方のりんごのブランデー。はじめて口にするタイプのお酒なので少しよいものをと、「シャトードブルイユ」の15年をストレートでいただくことにした。上品な香りがすうっと鼻先を抜けていくので、口のなかに甘ったるさは残らず思ったよりも飲みやすい。

その夜、事前にライブの予定はなかったものの旧知のドラマーが遊びに来たとのことで、先に客として来ていた女性のピアノとマスターのハモニカとあわせて、急遽セッションがはじまることになった。大急ぎで客の飲み物をつくってからカウンターの外にまわり演者の顔になるマスター。ドラムとピアノがつくる音をハモニカが強引にブルースに持っていくような実験的なセッション。カルバドスを口に含みながら、そんな遊びのある音に身を委ねる。

この店ではライブのミュージックチャージは投銭制で行われることが多いという。「お客さんには気楽に来てほしいし、ライブが終わって今日の手応えを確かめることができるのはいいですよね」。とマスターはいう。パフォーマーに客が投銭で応える大道芸が根付いている野毛には相性がいいのだろう。

外に溢れてくる音を聞くのもいいが、やはり至近距離で音の洪水を浴びるのは格別だ。偶然の幸運に歓喜を覚えつつ、この距離で聞くハモニカクリームズの音はどんなだろうと思いを巡らせていた。

◆　ル・タン ペルデュ

住所…横浜市中区野毛町2-78-10

定休日…月曜・火曜

シャノアール　紫色のピアノの傍ら

京急日ノ出町駅前の改札を出てすぐ右手。マンション一階の敷地内、ひっそりとした通路の奥の一画にある「シャノアール」を目指す。シャンソン歌手、故・永登元次郎がシャンソニエとして創業した。エントランスの看板にはChat Noir（黒猫）が描かれている。ドアのすりガラスから光がこぼれていた。現在はシャンソンバーとして営まれているが、ライブの組まれていない夜は、広いフロアの隅のカウンター周辺にのみランプが灯り、バーとして稼働している。

この夜、新刊イベント開催の相談がてら訪れた。カウンター席に着くと、ご店主の大西さんが人懐っこい笑顔で迎えてくれた。自身が今最も気に入っているのが、和ハーブのリキュール「和花」だというので、それをロックでいただくことにした。

照明の落とされた店内、背後の暗がりへ目を凝らしてみると艶っぽい紫色のグランドピアノと機材が置かれたステージがあり、スタンディングで優に80人入るという板張りのフロアには猫脚の円卓、ベルベットの布張りのチェアが並ぶ。アイボリーの壁にはウォールランプが配され、2段折り上げられたクラシカルな天井からはすずらん型のシェードを広げたシャンデリアがおりている。大西さんは「レプリカでしょう」というが、ロートレックの絵が額装されていて、そこはかとなくフランス・アールヌーヴォーへの憧憬も漂わせている。

静かな夜に、この優美なフロアを背にしてカウンターのなかの大西さんと語らっていると、リキュールのスパイス香と相まって、なんとも幻想的な気分に浸れる。

野毛でその存在が語り継がれるシャンソン歌手、永登元次郎がシャノアールを創業したのは1997（平成9）年のことだが、それ以前にも同じ野毛で「さろん童安寺」というシャンソニエを営んでいた。幻のタウン誌『ハマ野毛』（野毛地区街づくり会）1993（平成5）年刊行の第4号には「どんなお金持ちも貧しい人も、童のような心を持ち続けて安らぎを求めて集まってほしい」という願いから名付けたと自ら綴っている。少年時代から歌手を夢見た。苦労を重ね、晴れて50歳のとき神奈川県民ホールでデビューした。戦後まもなく野毛の横浜国際劇場でも歌っていた日本のシャンソン歌手のパイオニア・淡谷のり子と交流を持ち、ジョイントコンサートを開催したことが幾たびかあったという。

さろん童安寺は元次郎さんの歌手としてのよりどころで、人生そのものだった。それを移転、リニューアルすることとなり、当地で「シャノアール」として再スタートを切る。店名の由来はパリ・モンマルトルの丘のふもとにあった文芸酒場「ル・シャ・ノワール」から。店内の調度品は自身がフランスまで買い付けに行くこともあったという。この店は元次郎さんの理想を昇華させた最終形態だったのかもしれない。大西さんが引き継いだのは2009（平成21）年、大学を卒業してまもなくの頃だ。2004（平成16）年に元次郎さんが66歳で亡くなり、一時閉店したが、生前から親交のあった大西さんの父が遺族と相談し、再開する運びとなった。芸術家や文化人が集まる社交場だったとされるパリの「ル・シャ・ノワール」。シャンソンはもちろん幅広いジャンルの音楽、芸術が披露されたという。大西さんが受け継ぎ「シャンソンバー」とは銘打っているが、開催するイベントは演劇や舞踏、生け花ライブ、朗読会などさまざまで、昼には社交ダンスレッスンを行うこともある。故人が愛した空間をほぼそのまま保ちながら、モンマルトルの丘のふもとならぬ野毛山のふもとで芸術や文化を発信する拠点となっている。

大西さんに元次郎さんの歌声を聞くことはできるかたずねると、「たまにかけることがあるんですよ」といって、神奈川県民ホールでデビューしたときのライブCDを取り出した。ステージ両脇に配された大型のスピーカーから、背中で音を受ける。暗がりのなかから感じる息遣いは生々しいほどで、あたかもそこにいるかのように切なく迫ってくる。「愛の賛歌」は苦しみの果てに見出した愛の曲だ。絞り出すような、でも柔らかく包容力のある声。

大西さんは自身の名づけの親でもある故人について「見返りを求めない人だった」といった。けれど、生きていた証は大切に守られ、こうして語り継がれている。その人柄を思った。紫色のピアノの傍らに、こちら側を見つめて佇んでいる気配を感じた。

◆　シャノアール

住所…横浜市中区日ノ出町1-76-1 インペリアル横浜パークサイド

定休日…日曜（イベントの際は営業）

カモメ　昭和歌謡にまみれる夜

「野毛こうじ」の宮川町側の一番端のビル。「カモメ」につながる階段をのぼる。扉を開けて一歩足を踏み入れるとオンキョーのスピーカーから流れる昭和歌謡。店主のマキさんが流している曲で今夜の客層の年代はドンピシャでわかる。そんなもてなしの酒場だ。先日は藤圭子の「圭子の夢は夜ひらく」が流れていたが、今夜はTM NETWORKの「Get Wild」。客層は40代だろうと予想しつつカウンター席に着いた。背後のふたつのテーブル席は先客が帰ったばかりで空いている。6席あるカウンターの半分が埋まっていて、やはり並んでいる顔ぶれは予想した通りの世代だった。

赤いじゅうたんが敷き詰められ、天井からはきらびやかなビーズのシャンデリア、ベルベットの幕がおりている。革張りのスツールにガラスのテーブル、ショーケースのなかは酒類メーカーの販促グッズが豪華だった時代を物語っている。壁一面にはアンクルトリス、ジョニーウォーカー、ジャックダニエルのラベルをモチーフにしたファブリックパネルが飾られているが、これらはマキさんがひと針ずつ刺した刺繍であつらえられている。

カウンター越しに手渡された皮革調のメニューブックを開いて一番目立つところに記されたオリジナルカクテル2種から選ぶことにした。カモメハイボールはシロップ漬けのレモンをサントリー角に漬け込んだものだというからそれをいただこう。あの頃を思い出し、それをツマミにグラスを傾けるのである。

野毛においても1950年代から60年代は音楽喫茶・バーが増えた時代だった。戦後の住宅地図のなかで確認できる最も古い昭和31年版「中区明細地図」によると、当時、野毛本通りでは現・沙羅双樹の場所に「名曲喫茶　琥珀」、花咲町1丁目では「名曲の店　喫茶ニュートップ」、「名曲喫茶モナコ」、そして野毛1丁目では移転前のジャズ喫茶「ちぐさ」（現在は野毛2丁目）などが営まれていた。ジャズ喫茶「ダウンビート」は1968（昭和43）年に若葉町から花咲町1丁目に移転、ジャズと演歌の店「パパジョン」は1980（昭和55）年に野毛小路にオープンし、現在も営まれている。こうした音楽喫茶・バーというのはもともと音楽設備やレコードが高価だった時代に需要があり流行したとされるが、近年では音楽を酒のつまみにし、たまたま居合わせた客同士であの時代を共感し、語らうためのサロンのような役割を得て愛されているのだろう。

カモメがオープンしたのは2016（平成28）年9月のこと。昭和歌謡というジャンルをレコードで流すスタイルを貫いている。それまでマキさんは下北沢で「キタザワ」という店のカウンターに立っていた。現在と同じように、昭和歌謡を聞かせるバーだったという。下北沢駅前再開発をきっかけに閉店することになり、地元・横浜に戻ってこの店を構えることにした。

現在店内に収蔵しているレコードは、EP、LPあわせて2000枚をくだらない。マキさんは2台のターンテーブルを交互に絶え間なく回し続けながら、酒をつくる、突き出しをこしらえる、洗い物をこなす。それでいてトークも途切れることはない。棚にぎっしりと詰まったレコードは「パッケージの袋の手触りでタイトルを判別できる」ため、どこになにがあるかが即座にわかるという高等テクニックを持ち合わせている。とにかく器用な人だ。

ほどなくして3人連れが来店した。音楽は先ほどまで杏里の『CAT'S EYE』が流れていたが、やがて大野雄二の『大追跡』、そして野際陽子の『非情のライセンス』へ…。40代から60代へと幅が広がった客層へ向けて、フロアがまんべんなく楽しめるよう切り替わっていく選曲のグラデーションも鮮やかである。

三杯目を呑み干したところで、腰をあげてはばかりに。個室では『男はつらいよ』第30作のポスターと劇中の音声がひとりの時間をともにしてくれる。あの沢田研二と田中裕子を迎えた伝説の回である。寅さん節を背中で聞きながら、昭和という時代が確かにあったのだと噛みしめる。

昭和への憧れがこみあげてくるのは、過ぎ去りし日々を懐かしみながら酒を呑む時間の美しさをわかりはじめているからか。私はそんな人生の折り返し地点を目の前にしている。

◆　**カモメ**

住所…横浜市中区宮川町2-15 ＧＨＮビル ２階

定休日…火曜・水曜

野毛が醸す音

戦後復興期に野毛で育まれたエンターテイメント

宮川町の仕事場にて。

夕暮れ時、ジャズスポット・ドルフィーからリハの音が鳴りはじめる。夜の町にも光が灯る。向かいの大島コーヒー店のアルテックMR94からはビリージョエルが、開け放たれたドアから漏れ聞こえる。町角にヒラヒラ衣装の客引きが増えてくる時分には、野毛小路のバーからジャズトリオの生演奏が、横丁を行くとスナックからがなり声の演歌と手拍子が…、道行く酔客を楽しませる。

平戸桜木道路の寿司屋の前にはステッキにシルクハット姿の美空ひばり像。今にも『悲しき口笛』が聞こえてきそうだ。ちなみに、ひばりが歌うジャズのスタンダードナンバーも最高である。

8月の宮川町内には朝から祭りばやしのBGMが流れていた。今年4年ぶりの開催に沸いた神輿の担ぎ手たちの熱い掛け声は鼓膜に染み込んでいる。

野毛で味わう「音」は下町の気さくさ、猥雑さ、ときにジャジーな空気をまとう。

現在の野毛のエンターテイメントの拠点といえば、大衆芸能専門館「横浜にぎわい座」の大箱があり、老舗の「光音座」（ポルノ・ピンク映画館）から、個人経営のジャズ喫茶、ミュージックバー、ライブハウス、シャンソニエまで、小さいものも含めると数えきれない。

開港に伴い、横浜道が拓き、役人の住宅街となるが、行き交う人が増えると商人の町へと変化していった野毛。戦前、劇場などの大型店は伊勢佐木町に集中していた。また、宮川町に憲兵隊の施設があった頃は周辺での飲食店の営業許可がおりなかったそうで、飲食店街として賑わったのは戦後からだという。伊勢佐木町が接収されたことで、野毛が娯楽の中心地となった。

「ないものはない」といわれた野毛

年号	戦後のできごと
1945（昭和 20）	終戦。闇市の形成
1946（昭和 21）	光音座開館
1947（昭和 22）	マックアーサー劇場、横浜国際劇場開館 有隣堂が野毛に仮店舗オープン、市立図書館が野毛山に開館、ちぐさ再開
1948（昭和 23）	美空ひばりが横浜国際劇場に初出演
1951（昭和 26）	野毛劇場、横浜文化劇場開館
1952（昭和 27）	横浜ニュース劇場、かもめ座開館、市内接収解除がはじまる
1953（昭和 28）	新世界バーレスク劇場（日の出劇場前身）開館
1954（昭和 29）	マックアーサー劇場閉館しパチンコ店へ転業
1955（昭和 30）	マックアーサー劇場がパチンコ店を経て吉本映画劇場へ新装オープン
1958（昭和 33）	野毛山にラジオ関東（アール・エフ・ラジオ日本）が開局しジャズ番組放送
1960（昭和 35）	野毛劇場が 60 年代に閉館
1962（昭和 37）	吉本映画劇場（旧・マックアーサー劇場）閉館
1966（昭和 41）	日の出劇場閉館
1968（昭和 43）	横浜国際劇場閉館、ダウンビートが野毛に移転
1980（昭和 55）	パパジョン開店
1989（平成元年）	野毛大道芸初代プロデューサー・イクオ三橋がル・タン ペルデュ開店、光音座建替え
1990（平成 2 年）	横浜文化劇場閉館
1995（平成 7 年）	横浜ニュース劇場閉館（95 年頃）
1997（平成 9 年）	シャンソニエ「シャノアール」開店
2002（平成 14 年）	かもめ座閉館、にぎわい座開館
2016（平成 28 年）	バー「カモメ」開店

のヤミ市は終戦直後、1945(昭和20)年から形成されはじめたという。やがてその混雑ぶりは「人で地面が見えないほど」となる。横浜大空襲による被害は甚大だったが、鉄道も路面電車も線路が無事で復旧が早かった。野毛のターミナル性の高さにより、人が人を呼ぶ巨大マーケットは成長した。そんな時勢のなかで、エンターテイメントもまた育まれた。

1946(昭和21)年、映画館「光音座」(宮川町2丁目)が開館。1947(昭和22)年、現・JRA場外馬券売場「ウインズ横浜」の場所に映画とショーの「マックアーサー劇場」(宮川町3丁目)、その隣に実演劇場「横浜国際劇場」が開館する(後述)。1933(昭和8)年に創業したジャズ喫茶「ちぐさ」(当時、野毛町1丁目)は現存する日本最古のジャズ喫茶とされているが、再興したのは昭和22年だった(後述)。娯楽に飢えた民衆のボルテージは最高潮に達していた、最も勢いのある年である。

続くように、野毛小路に映画館「野毛劇場」、横浜国際劇場の裏手に映画館「横浜文化劇場」、映画館「横浜ニュース劇場」(花咲町2丁目)、映画とストリップ併用館「かもめ座」(宮川町2丁目)、「日の出劇場」の前身のストリップ劇場「新世界バーレスク劇場」(宮川町3丁目)…と次々に大型・中型の館がオープンする(年表と107頁参照)。

マックアーサー劇場

「マックアーサー劇場」の設立は1947（昭和22）年3月。宮川町3丁目の現・JRA場外馬券売場「ウインズ横浜」の場所、正面から見て左手にマックアーサー劇場、右手に横浜国際劇場が並び、両館は同じ年に開館している。

マックアーサー劇場のデータを残す閲覧可能な『映画年鑑』（時事通信社）のうち、最も古い1950（昭和25）年版によると、定員は538人、二階建て。経営者は平古壽次。南区双葉町で鉄工所を経営し、横浜迎賓館の代表取締役、横浜高等学校理事、横浜市商店街協同組合連合会会長などを務めた地元の名士だ。ちなみに平古氏は1952（昭和27）年に宮川町2丁目に「かもめ座」も開館させている。

マックアーサー劇場は東宝の封切館、ショー

開場三周年記念　昭和24年3月3日　森川新一氏提供（横浜市史資料室蔵）

などの実演館でこけら落としには「ラ・フェットシスターズ」なる専属のダンスチームによるマジックミュージカルが上演された。その後、舞台にはディック・ミネ、古賀政男とその楽団、渡邊はま子なども立ったという。

横浜国際劇場と天才少女・美空ひばり

横浜国際劇場は1947（昭和22）年5月5日、実演劇場としてマックアーサー劇場の隣にて開館した。1951（昭和26）年版『映画年鑑』によると、戸塚の建設会社「桑島組」の経営。二階建て、定員は550人。1962（昭和37）年版には1070人とあるため、増築をしたのかもしれない。ピークは1952（昭和27）年6月、『硫黄島の砂』が上映された際は、一日1万人の観客が訪れることもあったそうだ（次頁写真参照）。開館当初、映画は松竹洋画系が上映され、演芸、歌謡ショーを公演した。5月6日のこけら落としは松竹歌劇団「東京踊り」が公演された。

開館時の支配人は美空ひばりを世に送り出した名プロデューサー・福島通人である。同館は吉本興業と提携していたとされるため、吉本興行出身の福島が支配人に配置されたのもコネクションがあってのことだろう。

滝頭（横浜市磯子区）出身の美空ひばりが横浜国際劇場のひのき舞台にはじめて立ったのは

1948（昭和23）年5月1日、若干11歳。同館の一周年記念イベントでだった。出演したのは藤山一郎、小唄勝太郎、そしてブギの女王・笠置シヅ子という当時をときめく歌手たち。その前座としてひばりが歌ったのは笠置の持ち歌である「セコハン娘」だった。あまりの歌唱力の高さに観客は度肝を抜かれることになる。これをきっかけに「セコハン娘」は笠置ではなくひばりがオリジナルだと勘違いする者も現れる事態となり、笠置はひばりに対して自身の持ち歌を歌うことを禁じたのだった。これは世紀の芸能事件として語り継がれているところだ。この事件以降、ひばりは「セコハン娘」をはじめ、服部良一が作曲した曲は一切歌いたくないと長年拒んだとされる。横浜国際劇場での一周年記念イベントをきっかけにして、美空ひばりのスター伝説の1ページがめくられることになる。

横浜国際劇場前の行列　昭和 27 年頃　三枝国雄氏提供（横浜市史資料室蔵）
『硫黄島の砂』が上映された際の混雑ぶりを撮影したと思われる

平戸桜木道路沿い、松葉寿し（宮川町2丁目）前に少女・美空ひばり像がある。シルクハット姿にステッキを持ち、ほほ笑む口元には自信と誇りが満ちる。滝頭で魚屋を営む父の手から離れ、マネージャーである母とともに歌姫の道を歩むことを決意した。後年、亡き母へ向けられたとされる「あなたが美空ひばりなのよ」というメッセージには、愛情、悲しみ、あるいは憎しみ、という言葉では語れない、深く複雑な思いが潜んでいるように感じられた。少女の銅像は故郷滝頭を背に、視線はかつて横浜国際劇場のあった景色へと向けられている。

伊勢佐木町の接収解除とテレビの普及

伊勢佐木町の接収が解除されると、そこに映画館・劇場が次々と開館した。その後、テレビが一般家庭に普及するにつれて、野毛の映画館・劇場の経営不振は進んだ。

マックアーサー劇場は１９５４（昭和29）年に閉館。一時パチンコ屋に転業するが、１９５５（昭和30）年に吉本興業がパチンコ屋を買い取り、洋画封切館「吉本映画劇場」として新装オープンした。しかし、１９６０年代に入ると、野毛の映画館・劇場の不振は顕著となる。吉本映画劇場は１９６２（昭和37）年に閉館する。

横浜国際劇場は１９５８（昭和33）年からストリップと映画の併用館となるが、１９６８（昭和43）年に閉館する。日の出劇場は１９６６（昭和41）年に閉館、現在は横浜愛犬高等美容学校の入居するマンションになっている。野毛小路の野毛劇場も1960年代に閉館し、パチンコ屋へと転業したのち、現在はカラオケ・杉の子となっている。

1990年代に入ると再び閉館の波が訪れる。横浜文化劇場は1990（平成2）年頃閉館。横浜ニュース劇場は1995（平成7）年頃閉館、現在はローソン100の入居するビルになっている。かもめ座は2002（平成14）年閉館、現在はマストパーキング日の出町となっている。光音座は1989（平成元年）年に建て替えられ、現在は成人映画専門館として営業を続けている。これらの閉館が続いたのは、戦後まもなくの建築が老朽化したことも原因だろう。

野毛と音楽喫茶、そしてジャズ

ジャズ喫茶ちぐさが野毛町1丁目に創業したのは1933（昭和8）年。創業者は故・吉田衛。戦災で店舗が焼失するも1947（昭和22）年に再興（昭和23年という記録もある）、1994（平成6）年に吉田氏が亡くなると、遺族と有志が引き継ぎ運営される。2007（平成19）年に地域の開発計画にともない閉店するも、2015（平成27）年に野毛町2丁目に移転し再開。現在店舗建て替え工事中で、新装オープンに向けて準備中である。日本で現存する最古のジャズ喫茶とされ、多くの名プレイヤーを育てた。日本のジャズはアメリカ航路の船のなかで演奏されたのが広まったといわれ、港町・横浜ではいち早く普及した。吉田氏によると山下町から本牧のあたりで営まれていた外国人相手の茶屋「チャブ屋」で、昭和初期にジャズに親しむようになったのが「ジャズとの出会い」であるという（『ジャズ喫茶が熱かった日々』ぱる出版）。横浜だからこそドルに両替することが簡単であり、外国船員にレコードを買ってくるよう頼んだという。そうして集まったレコードが100枚ほどになったときに、ちぐさはオープンした。

もともと不良の音楽とみなされ風当りが強かったというジャズは、戦時色が濃くなると敵性音楽として追放の対象となる。吉田氏が野毛という土地を選んだ理由は定かではないが、もともとあった「純喫茶ちぐさ」を居抜きのまま650円で買い取ったというから、20歳の青年にとって手が届く物件だったのだろう。もっとも、創業当時、宮川町3丁目の現・ウインズ横浜の場所には横浜憲兵隊の庁舎があった。最も避けたい敵が睨みをきかせている土地だ。そんな背景を踏まえると、吉田氏の反骨精神に似たひたむきな執念はジャズの精神と共鳴し、野毛に導いたのかもしれない。ちぐさは横浜大空襲で焼失するが、吉田氏はジャズの消えた野毛に再びジャズを返した。なお、憲兵隊の庁舎は戦後、マックアーサー劇場、横浜国際劇場となり、外国映画、外国音楽、外国の文化の発信地となっている（前述）。

ジャズ喫茶をはじめとする音楽喫茶は復興期に増えていき、全国的に1950年代から60年代にかけて流行したという。ステレオ設備やレコードが高価だった時代、本物の音楽に触れる機会を提供した。野毛とその周辺にも流行はきていたのかもしれない。また、1958（昭和33）年には「ラジオ関東」（現・アール・エフ・ラジオ日本）が野毛山にて開局。開局以来「洋楽のラジ関」と親しまれ、もちろんジャズ番組も放送した。

ダウンビートが中区若葉町に創業したのは1956（昭和31）年。野毛の花咲町に移転してきたのが1968（昭和43）年のことで、移転時はちょうど音楽喫茶ブームの最中ではある。花咲町のダウンビートには本牧基地から米兵が演奏にきたという。

野毛小路にジャズと演歌（美空ひばり）のレコードを聞かせる「パパジョン」がオープンしたのは1980（昭和55）年。山下町にあったクラブ「ブルースカイ」、元町にあったディスコ「アストロ」での勤務を経て故・島村秀二が創業の土地として選んだ野毛は、美空ひばりが本格デビューした横浜国際劇場の跡地があり、全国的にも有名なジャズ喫茶ちぐさ、ダウンビートがあり、野毛山のラジオ関東からはジャズの深夜番組を流す、そんな背景がある場所だった。

「ないものはない」といわれた野毛ヤミ市。そんな雑踏のなかで生まれてきた野毛のエンターテイメント、娯楽もまた、「ないものはない」瞬間があったに違いない。さらにその時代を礎として、気さくで、猥雑で、そして多様性に富んだ野毛の音は育まれていった。

＊　＊　＊　＊

参考文献等

・時事通信社（1950／1951／1962年）『映画年鑑』
・小柴俊雄（2001年）『横浜演劇百四十年―ヨコハマ芸能外伝』有限会社ケー・エス・ジー
・birdtaki（2015年）『ジャズ喫茶が熱かった日々』ぱる出版
・平岡正明（1997年）『野毛的』解放出版社

通

昭和 30 年代の子之大神例祭（コテイベーカリー所蔵）

花咲町 2 丁目のコテイベーカリー前。神輿のうしろに「音楽通」のアーチが見える。なお、「音楽通り」の名称の由来となった神奈川県立音楽堂が竣工したのが 1954（昭和 29）年

「宮川町」のルーツにもなった

野毛の守護神「子之神様」の話

「子之大神《ねのおおかみ》」といえば、伊勢山皇大神宮の杵築宮《きづきのみや》内に祀られている野毛地区の氏神であるが、明治時代にさかのぼると「子之神社」（子ノ神社）は野毛町1丁目、野毛本通りの南側、都橋のそばに社を構えていた。

かつて野毛坂交差点そばにあった高野山真言宗寺院の「大聖院」（昭和28年に西区元久保町へ移転）に所蔵されている慶応元年（1865年）の野毛の絵図によると、都橋のそば、横浜道の沿道に子之神社が記されている。大震災・戦災と経ているため、現在の町の区画とは異なるが、野毛小路と野毛本通りがぶつかる交差点、「アートユニフォーム」や「波まや呉服店」が入居するビル「キャッスル野毛中央」のあたりに構えられていたと推察する。

創建については明らかではないが、「嘉永元年」（1848年）という記載もある。『新編武蔵風土記稿』においては、「大聖院持」すなわち大聖院の管理だったようだ。その境内からは湧き水が流れており、それが「お宮の川」と親しまれたため、宮川町という町名の由来になったとも伝えられる。

もっとも野毛町1丁目から2回の移転を余儀なくされている。まず1888（明治21）年1月の大火が原因となった。社殿が焼失したため、野毛3丁目の現・ちぇるる野毛の場所に移転、再建した。その後、関東大震災で被災、同地で再建するも、横浜大空襲によって焼失。伊勢山皇大神宮の杵築宮《きづきのみや》に移転、現在に至る。

祭神は大国主《おおくにぬし》（大黒様）、少彦命名《スクナヒコナ》の二柱であったが、1873（明治6）年に姥島に祀られていた姥神社（13頁参照）が子之神社境内に移転してきたため、伊勢山皇大神宮に移転するにあたり、子之神社のこれらの神霊を総じて「子之大神」として祀ることとなった。

2023年8月、野毛ではコロナ禍を経て4年ぶりに、「子之大神例祭」が開催された。25日の朝、伊勢山皇大神宮に各町会から七基の神輿が集結、例祭・奉祝大祭が行われると、祭人とともに伊勢山を下山した。みなとみらいの高層ビル群と対峙した伊勢山から、天狗様を先頭にした神輿渡御行列がおりていく様は、そのコントラストの濃さも相まって壮観であった。担ぎ手たちの掛け声は高く突き抜け、天を張り裂かんばかり。長く暗い4年間の孤独から解放されたような、喜びに満ち満ちている。野毛がいにしえより醸してきた「音」の真骨頂を思った。

ところで大国主は国づくりや商売繁盛の神、また少彦命名は酒や医療の神とされている。姥島の神・姥姫は海上の安全を守っているそうだ。野毛の守護神はなんともこの町にふさわしい。

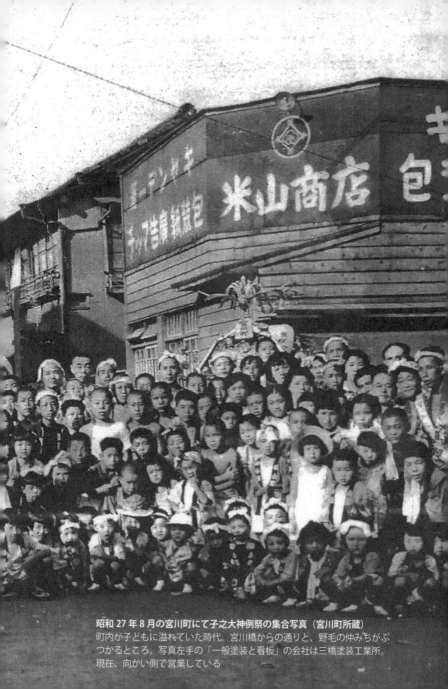

昭和 27 年 8 月の宮川町にて子之大神例祭の集合写真（宮川町所蔵）

町内が子どもに溢れていた時代。宮川橋からの通りと、野毛の仲みちがぶつかるところ。写真左手の「一般塗装と看板」の会社は三橋塗装工業所。現在、向かい側で営業している

ラッカー吹付
一般塗装と看板
塗装
看板
三橋

野毛山で呑む

坂を歩けば、酒もうまい

なぜ、野毛山はこれほどまでに愛されるのか。それはのぼってみてわかるだろう。

標高約50メートル、野毛坂の始点である野毛町3丁目交差点から目指すと、山頂の野毛山動物園までは約600メートル。日ノ出町駅前から野毛坂交差点経由のコースでも距離としてはさほど変わらない。横浜の総鎮守・伊勢山皇大神宮、成田山延命院へ行くならば、野毛坂交差点を北へ進む。さらに山頂を目指すと、中央図書館を過ぎたあたりから勾配はきつくなるが、下町の景色からガラッと切り替わる。散策地区の青々とした木々や小鳥のさえずりに癒される。明治時代に豪商たちがこぞって別邸を建てたというが、彼らも愛したであろう澄んだ空気が、精神を休ませてくれる。そして、なにより山頂を目指す多くの人が楽しみにしているのは、野毛山動物園の動物たちに会うことだろう。この動物園がまた魅力的なのだ（後述）。

考えてみれば、これほどの駅近で、約600メートルの道すがらに、緑あり、歴史あり、癒しあり、さらに酒もあり、体力づくりにもってこいの手頃な山は、実にありがたいことである。

ちなみに日ノ出町駅の裏側から東ケ丘を通って山頂を目指すコースもある。天神坂という石階段をのぼっていくのだが、こちらはより負荷のあるトレーニングを志向する方におすすめしたい。

野毛山と周辺マップ
紅葉坂
伊勢山
皇大神宮
音楽通り
N
コテイ
ベーカリー
成田山
延命院
動物園通り
メゾン・ド・ハラ
野毛坂
交差点
ちぇるる野毛
野毛坂
旧・平沼邸
野毛町3丁目
交差点
老松中学校
トリステッサ
中央図書館
平戸桜木道路
野毛山動物園
野毛山公園
市長公邸
星羊社
stockroom
野毛のつり橋
野毛山トンネル
入口
東ケ丘
WAEN dining
天神坂
野毛山浄水場跡
日ノ出町
交差点
大岡川
横浜迎賓館
日ノ出町駅
崖と階段
長者橋
野毛山公園
展望台
日ノ出町
1丁目

メゾン・ド・ハラ　野毛山の別世界

息を切らして野毛坂をのぼった。豪商・平沼専蔵の別邸跡に残る亀甲積擁壁を右に見ながら、さらに歩みを進めると、風がひんやりとしてきて、野毛山の木々が放つ清浄な空気を肌で感じる。のぼりきる手前に築50年以上にもなるビンテージマンション「野毛山マンション」が見えてくる。その建物の老松中学校寄りの角部屋にフランス料理店「メゾン・ド・ハラ」はある。生い茂るローズマリーに挟まれた小さなレンガのステップが3段、エントランスまでのポーチにはガーデンテーブルとチェア、素焼きの鉢植えたちが気ままに並んでいる。その奥にアイボリーのタイルの壁があり、渋い群青色のサッシが印象的なメゾン・ド・ハラの扉はある。

「予約した者です」と告げると、窓側のテーブル席に通された。一面がガラス張りだから野毛山の緑が近く、木漏れ日が優しい。スピーカーからはささやくようにピアノワルツが流れている。「1時間半ほどのコースになります。お時間は大丈夫ですか?」とマダムにたずねられ、「たっぷり時間をとってきました」と返した。ひととき時間から解き放たれたい。

早速、ランチコースの組み方を考える。というのもランチは前菜、主菜、デザート（飲み物付）の3品コースであるが、この日は前菜だけでも5種類、追加料金でさらに9種類ほど選択肢が加わる。主菜とデザートのバラエティも目白押し。シェフひとりでこれだけのメニューをこなしてしまうから頼もしい。

隣のテーブルでは大ぶりでツヤツヤとした誇らしげな野菜たちがディスプレイされていた。今朝鎌倉の市場から仕入れてきたという新鮮なやつだ。そんなわけで、前菜はサラダ、主菜はメカジキのポワレでいこうと決めた。よく晴れた夏の日に、この店の窓辺ではキリッと冷えた白ワインが似合う気がした。アルザス地方のシルヴァネールを選んだ。マダムがアミューズとして出してくれた手づくりポップコーンのバターが香る。


都内のホテルや市内のレストランなどで経験を積み、フランスでの勉強を経て、シェフがマダムとともにメゾン・ド・ハラをオープンさせたのは2010（平成22）年のこと。横浜のあらゆる地を巡ったが、野毛山に物件を見つけられたのは幸運だったという。

野毛山といえば、明治20年代から関東大震災があった1923（大正12）年まで、横浜の豪商たちが別邸を構えた高級住宅街だった。現在は入園料無料の野毛山動物園があり、図書館があり、散策地区があり、展望台があり…、市民の憩いの場として愛されている。歴史的な格式と気さくさが共存する丘だ。

店内のカウンターにはフンボルトペンギンやキリン、手づくり焼き菓子のコーナーにはうさぎ…、野毛山動物園の住民たちをモチーフにした置物が和気あいあいとしている。シェフとマダムが大切にしてきた13年の日々が視界に満たされ、安心感に包まれる。そんな店で食するフレンチは、お澄まし顔もそこそこに、どちらかというと旧友と再会するときのような、ほどよい緊張感といつもの笑顔で迎えたい。

まもなくして届けられたのは、白い器にいっぱいの森のようなサラダ。トマト、オクラ、キュウリ、ナス、パプリカ、レタス、紫キャベツ、四角豆、そうめんかぼちゃ…。数えられるだけでも10種類以上。珍しい種類も多く話題は尽きない。鎌倉野菜の色と味は明らかに濃く、別格だ。歯ざわりもさまざまで愉快である。特製ドレッシングと出会うことでその旨味に奥行を感じる。みっちりとした天然酵母パンは麦の風味が香しい。毎度ながらおかわりをしてしまいたくなるのだが、胃袋の容量にも上限があるのでなんとかこらえよう。

そしてやってきた主菜、メカジキのポワレ。添えられたグリル野菜がトロッと甘やかでうっとりとする。メカジキの身は表面が絶妙な具合にカリッと焼かれ、なかはふわりと柔らかくほどける。ジューシーな脂で野菜の旨味もさらに引き立つ。アルザス地方の辛口の白ワインもほほ笑んでいる。野毛山の青々とした木々に囲まれ、うつつを抜かす、贅沢なひとときだ。

デザートは旬の生イチジクがたっぷりとのったパイにしようと決めている。その前に、赤ワインをグラスで一杯追加したい…。過ぎゆく時間はあっという間で、入店から既に2時間が経過しようとしていることに、このときの私はまだ気づいていなかった。

◆ メゾン・ド・ハラ

住所…横浜市西区老松町29-1 野毛山マンション2A

定休日…月曜・火曜

野毛山動物園　動物の薫香で酒を呑む

野毛坂をのぼりきると歩道橋が見えてくる。柳宗理デザイン、「野毛のつり橋」として親しまれている水色の橋だ。その下をくぐると野毛山動物園の入口である。入場料がいらない代わりに、ライオン型の募金箱に気持ちだけ入れることにしている。そして目指すは園内の中央にある「ひだまり広場」。1951（昭和26）年にインドからやってきたインドゾウ「はま子」（2003年死去）がいた小屋の跡地。そこにフードコート風のカフェスペースがある。

注文窓口上部のメニューボードには、横浜産豚肉「はまぽーく」のカレー、横浜らしさをアピールするナポリタン、子どもも大好きなソースものはやきそば、たこやき、動物モチーフのお子さまプレートとアイスクリーム…とある。そんなほのぼのとしたメニューが並ぶなか、アルコールだけを書き綴ったボードがそれなりの面積を占めていることに気づいてしまうだろう。キリンの生ビールのほかに、氷結（シチリア産レモン）、赤ワイン、そして最後におまけのようにグリーンフリー…。メニュー数にしてはささやかだが、行楽地や観光地の価格ではない。野毛小路の飲食店とさほど変わらない価格設定に驚く。

なにより、ここの生ビールはうまい。標高約50メートルの野毛山を登山した私たちを待っているご褒美だ。400㎖はあろうかというサイズのプラカップに注がれる。泡を口に含んだ瞬間に、酒呑みならばサーバーの洗浄が行き届いていることがわかるだろう。もちろんよく冷えている。ポテトと唐揚げ「ポテから」なんかをつまんだりしてもいいが、動物モチーフのお子さまプレートもいい。ライオンとレッサーパンダがある。それぞれ惣菜が4、5種類盛り合わせてあるのでいいアテになる。大人が注文しても怒られたことはない。ちなみにレッサーパンダのプレートはかなりの頻度で売り切れているので出会えたらラッキーだ。まずは登山が終わった爽快感を得るべく、ゴクゴクとのどを鳴らして一気に呑み干す。

そんな風に一杯目を呑み干して、二杯目へ。ここからはカップ片手に揚々と園内をめぐりたくなる。注文した赤ワインは動物園オリジナルのロゴ入りのプラカップに注がれている。その量は「グラスワイン」というよりも「コップワイン」なのだ。

園内に漂う薫香は、癖強なチーズの香りだと思えばお得な気もしてくる。

レッサーパンダのスペースのそばには子どもたちからの手紙が貼りだされていた。真っすぐな愛に心がほだされる。クマにどんぐりをプレゼントするイベントは感染防止対策のため現在も中止していて、ドングリの溢れる野毛山にいて少し寂しい気もした。昨年誕生したチンパンジーの子どもは「小春」という名前らしい。今日も母親にべったりである。

秋が訪れてもフンボルトペンギンは涼し気に泳ぐ。フラミンゴは片足で体感の強さを自慢している。以前は園内を自由に闊歩していたインドクジャクは、品行方正に小屋のなかで餌をついばんでいた。

2013（平成25）年に推定38歳という大往生で天国に旅立ったラクダのツガル。園の顔として愛され続けてきた彼女が過ごしていた小屋には、アリクイの一家が入居していた。この6月に第一子を出産し、子育て真っただ中だ。新しい命の息吹によって、喪失感はすっかり払拭されてしまった。

勾配のある小道にさしかかると市電1500型電車1518号の車体が展示されている。かつて野毛坂を走っていた。子どもたちが乗り込み、運転手ごっこに興じる。こんな立派な車体をどうやってこの小道まで運んだんだろう。

春の花見も、夏のナイトサファリも、秋のどんぐり拾いも、冬のライトアップも、私は野毛山動物園で呑み続けてきた。ある時はポケットに忍ばせたウイスキー入りのスキットルを舐めて、ある時はそれをコーラで割って、ある時はコンビニで買ったスクリュータイプの小瓶ワインをちびちびと…。けれど、園内のカフェの酒がうまいことに気づいてからは、手ぶらでこの山をのぼるようにしている。

◆ 野毛山動物園

住所…横浜市西区老松町63-10

定休日…毎週月曜日（祝日にあたる場合は翌日）、12月29日〜1月1日

※5、10月は無休

トリステッサ　野毛山のインド

日ノ出町駅前から横浜市中央図書館のほうへ向かう緩やかな坂を歩く。まもなく行くと、野毛坂交差点手前の右側、白の地に黒字で「カレー」の幟が見えてきて、営業中であることを告げていた。ライオンズマンションの地上階、スナックバーが並ぶフロアの1室に大西マスターが営む「トリステッサ」はある。鮮やかなグリーンの扉に貼り付けられている青い板には「スパイスカレーと酒のアテ」とあり、その下のホワイトボードに本日のカレーが3種類記されている。「チャナ豆カレー」はいわゆるヒヨコマメのカレー。インド南部のアラビア海に面したケララ州に伝わる「ケララフィッシュ」はココナッツ仕立ての魚カレー。そして、ポルトガル由来の豚肉煮込みカレー「ポークビンダルゥ」だ。

スパイスの香りで満たされた店内、カウンターの端っこに座った。

広大なインドのなかでも西・南部の食文化圏のメニューが多いようだ。その歴史的、宗教的背景からくる形式や流儀は知れば知るほど奥深いものがあるのだが、腹が減っているのでその話はあとにして、3種類のカレーのあい掛けとサッポロ黒ラベルの小瓶を注文した。

横浜とインドの交流は深く、1870年代にまで遡る。開港にともないインド人商館が増え、彼らはサリーをつくるための日本産絹織物を盛んに輸出し、染料となるインディゴを輸入したという。大岡川沿いには多くの捺染工場が並んだ。野毛山でも湧き水を利用して捺染が行われていたと聞いたことがあるが、あまり知られていない。関東大震災や第二次世界大戦の際、他所へ逃れたインド商人たちを横浜はその都度呼び戻した。商館などを手配、援助し、経済再興、復興への期待を寄せた。また、1965（昭和40）年には横浜市とムンバイは姉妹都市提携を結んでいる。

そういえば、1951（昭和26）年の野毛山動物園開園時の目玉、人気者だったゾウの「はま子」の故郷もインドだったらしい。遠い海の向こうから横浜・野毛へやってきた際、市民は大いに沸き立った。動物園からこの野毛坂をくだり、伊勢佐木町までパレードしたという逸話が残されている。戦時中、動物園の動物たちは逃亡防止と飼料不足のため、殺処分されることが多かった。野毛山で子どもたちに愛されるはま子の姿は、日本中の人々が切望した「平和」の象徴でもあった。

大きな身体をゆらしながら野毛坂を歩くインドゾウを思い浮かべながら、横浜とインドのことを考えていると、まもなくして大きな平皿が運ばれてきた。

数ある日替わりメニューのなかでもマスターの魂がこもっているのはポークビンダルゥだと思う。西インドはアラビア海に面したゴア州の料理だ。ゴアは15世紀にポルトガルが入植した歴史を持つ。ポルトガルを由来とする、クリスチャン料理のひとつである。豚をニンニク、ビネガーなどでマリネし、漬けこんでからスパイスや唐辛子を加えて煮込む。

バスマティライスに3種類のカレーが掛かり、豆煎餅「パパド」が添えられる。パクチーの緑が鮮やかだ。付け合わせとして、塩っけと辛みが利いた漬物「アチャール」がつく。皿全体を少しずつ混ぜながら味の変化を確認し、客自身が皿のなかで完成形を見出していく面白さがある。ポークビンダルゥの豚肉は柔らかく煮込まれ、酸味と辛み、旨味が交差する。ビールにもよくあう。

マスターは「辛さは大丈夫ですか」といつも気遣う。スパイス料理だから辛くて当たり前のように思っていたが、辛さにも深度と密度があるのだ。だから特に唐辛子の仕入れには慎重だ。「同じ産地でも季節などの条件によってまったく違う」という。さらに自身の感度にも注意深い。花粉の多い季節、猛暑で体力を消耗しやすい季節は、味覚に違和感を覚えるとのこと。仕込みがすべてうまく進んだはずが、いざ試食をしたときに「辛すぎる」と思い落胆する。そんなときは潔く臨時休業する。

トリステッサを訪れるようになってから、朝9時の出勤時に近くを通りかかった際は、窓のほうに向かってゾウのように鼻をひくひくと動かすのが癖になった。その日、ほのかにスパイス香を感じると、マスターは仕込みに成功したのだろうなと、厨房の姿を思う。

◆　トリステッサ

住所…横浜市中区宮川町3-68-1 ライオンズマンション野毛山公園303

定休日…月曜・火曜

崖と階段　野毛山二合目の給水地点

京急日ノ出町駅前の日の出薬局の脇を入る。高さ2メートルほどの低い高架をくぐって行くほうが近道だが、あえて左に見ながら素通りし、まっすぐのびる階段から「BAR 崖と階段」に行くルートが好きだ。その先にある線路をまたぐ小さな橋からは、日ノ出町駅を間近で見下ろすことができる。赤い電車がトンネルの暗がりから飛び出してくる様があまりにも爽快で、蔦の絡んだフェンスにしがみつきながら眺め、気が済んだところで橋を渡り切った。石階段を少しおりたところに廃屋を改装したその酒場はある。目の前には高い石積みの擁壁、井戸の跡があって、その環境はまさに店名を象徴していることに気づくだろう。

19時30分の口開けで入店した。雨が降っていたためか、店内にはまだ客の姿はない。小ぢんまりとした店内にはテーブル席がふたつ、カウンター席が五つ。オーナーマスターのテツさんがカウンター席に誘ってくれたので隅のほうに座り、クラフト・ジン「白天狗」をロックで注文した。この店は曜日ごとに異なるスタッフが店に立つ。今日は週に1回、テツさんが立つ金曜日である。

「テツさん」こと長田哲征さんは現代アート・プロデューサー、ディレクターとして全国を飛び回る日々だ。代表的な仕事のひとつが十和田市現代美術館の立ち上げで、全体監修・計画策定・キュレーションまでを担当している。本牧出身のハマっ子だが、地元の枠にとどまらず国内外で活動してきた。２０２１年、テツさんは当地で廃屋3棟を借りることにした。ひとつは仕事場として、もうひとつは展示会場として、そして展示会場で催しがあった際に憩える場所としてこの酒場を開いた。

そんな美術畑を一心に生きてきたマスターの酒場には、その分野に明るい客層ばかりが集まるのかと躊躇ったものだが、そんなわけでもない。標高約50メートルの野毛山の二合目にあるこの酒場のことを、自宅までの登山道の給水地点として重んじている常連も多い。全国の酒場巡りと名店のこと、野毛では最近どこで呑んだという話題など、酒にまつわるよもやま話に興じていると、誰もがテツさんの鮮やかな経歴のことをすっかり忘れてしまうのだ。そんなひとときを、自身も楽しんでいるように見えた。

ロックグラスに氷を放り込むと冷気がたちのぼり、ふわりと白く煙った。そこにクラフト・ジン「白天狗」が注がれる。私の背後には野毛山…、伊勢山皇大神宮の天照大神と成田山延命院の本尊不動明王が座する聖なる地、超パワースポットが控えている。湘南・茅ヶ崎の熊澤酒造のジンは、吟醸粕を再発酵してつくった焼酎をベースにしたライススピリッツから蒸留される。家庭で手づくりした紫蘇ジュースなぞを保存するようなスイングボトルに入っていて、ラベルは白い紙に潔くスミ一色で描かれた天狗の顔。乳白色の店内、淡いグレーのハンサムなカウンターテーブルのうえで、このボトルの存在はキリっと映える。華やかさと高貴さ、美しさを兼ね備えていて、いかにもふさわしい酒に思えた。

まもなくして、女性がひとりカウンター席に座った。なんでも、親族が遺した写真の展示会を開催するから、告知のチラシを置かせてもらいたいという。亡き親族の名は飯島成三、かつて平戸桜木道路沿いで「ろまん写真館」を営んでいた。戦後まもなく野毛に有隣堂の仮店舗があったとき、その隣にあった写真館だ。現在のちぇるる野毛のあたりだろう。ちょうど野毛の取材で昔の住宅地図を毎日のように眺めていたため、はっとしてチラシを受け取った。まだ広く世の中に出ていないだろう写真は、古いものは大正時代の横浜を捉えているという。きっと市史の研究者たちが唸るはずだ。貴重な瞬間に立ち会った喜びに満たされる。テツさんはカウンター席にそんな出会いをもたらしてくれる人でもある。好奇心が旺盛で、出会いが喜びで、人間が好きなのだ。

そういえば、「崖と階段」という店名の由来は、もういくつかあるらしい。「アートの分野にいると、あるとき一瞬でのぼり詰めることがあるけれど、ちょっとしたきっかけで一気に転げ落ちてしまうこともある。そのことを胸に刻み付けておきたくてね」。実に突き刺さる言葉だった。けれど、その生き方は躍動的で軽やかで、まぶしくも映った。

◆　崖と階段

住所…横浜市西区東ケ丘３-７

定休日…月曜・火曜

名だたる実業家が豪邸を構えた野毛山

港を見渡せる高級住宅街

野毛坂をのぼり、中央図書館のある野毛坂交差点に差し掛かると右手に亀甲型の岩が積まれた石垣風の壁が見えてくる。現在、アトラス野毛山（西区老松町29）というマンションが建っているこの地には、明治20年代から1923（大正12）年まで平沼専蔵の別邸があった。生糸取引や金融で財を成した実業家として知られる。当該石垣風の壁は旧・平沼邸のもので「亀甲積擁壁」と呼ばれ、煉瓦塀とあわせ、横浜市認定歴史的建造物に指定されている。

さらに野毛山公園方面へ進むと、生糸商、金融商として知られる原善三郎の別邸。さらに進み野毛山動物園にさしかかると、生糸生産振興に貢献し、「横浜松坂屋」（2008年閉店）の前身である野澤屋の拡大にも尽力した実業家・茂木惣兵衛の別邸があった。いずれも明治時代中期から1923（大正12）年の関東大震災まで構えられていた。

そのほか、野毛山には渡辺福三郎、朝田又七、左右田金作、増田嘉兵衛、中村房次郎、小野光景など、名だたる豪商が邸宅（別邸を含む）を設けた。それにならうように野毛山ふもとの宮川町には医者や弁護士、商館の番頭の住宅が並んだという。野毛にはこうした裕福層へ納めるための一級品を揃える商店も少なくなかった。

　邸宅が建てられはじめた明治20年代、横浜港を一望できる野毛山は横浜における日本人街のなかでの一等地に数えられていたようだ。東の山手の丘が外国人の住宅街であるから、吉田新田を挟んで西の野毛山と相対しているようであり、ライバル意識もあったのではないだろうか。

　このように裕福層が野毛山に集まってきた

旧・平沼邸の亀甲積擁壁と煉瓦塀

横浜野毛坂　Nogezaka, Yokohama（横浜市中央図書館蔵）
明治中期、野毛山に続く道の途中。陶磁器屋、糸屋、楽器屋、写真館などの商店が並んだ

理由としては、港を見渡せる眺望のよさ、初代横浜駅（現・桜木町駅）まで近く利便性が高かったこと、「十全病院」（横浜市立大学付属病院の前身）をはじめとした大病院、医院などの医療機関が充実していたこと、野毛山浄水場が設けられ有事にも心強かったことなどがあげられようが、風光明媚なパワースポットであったことも大きかったことだろう。

横浜随一のパワースポット

1859（安政6）年、横浜道が拓かれ、この切通しにより野毛山は東西に二分することになる。1870（明治3）年に伊勢山皇大神宮が野毛山に遷座したことで東側は「伊勢山」と呼ばれるようになった。三重

『横浜諸会社諸商店之図』（1886）より「亀屋　野毛山別荘」（横浜開港資料館蔵）
原善三郎の別邸。まさに天空の城。本牧にも土地を取得しており、息子・富太郎の代に三渓園がつくられる

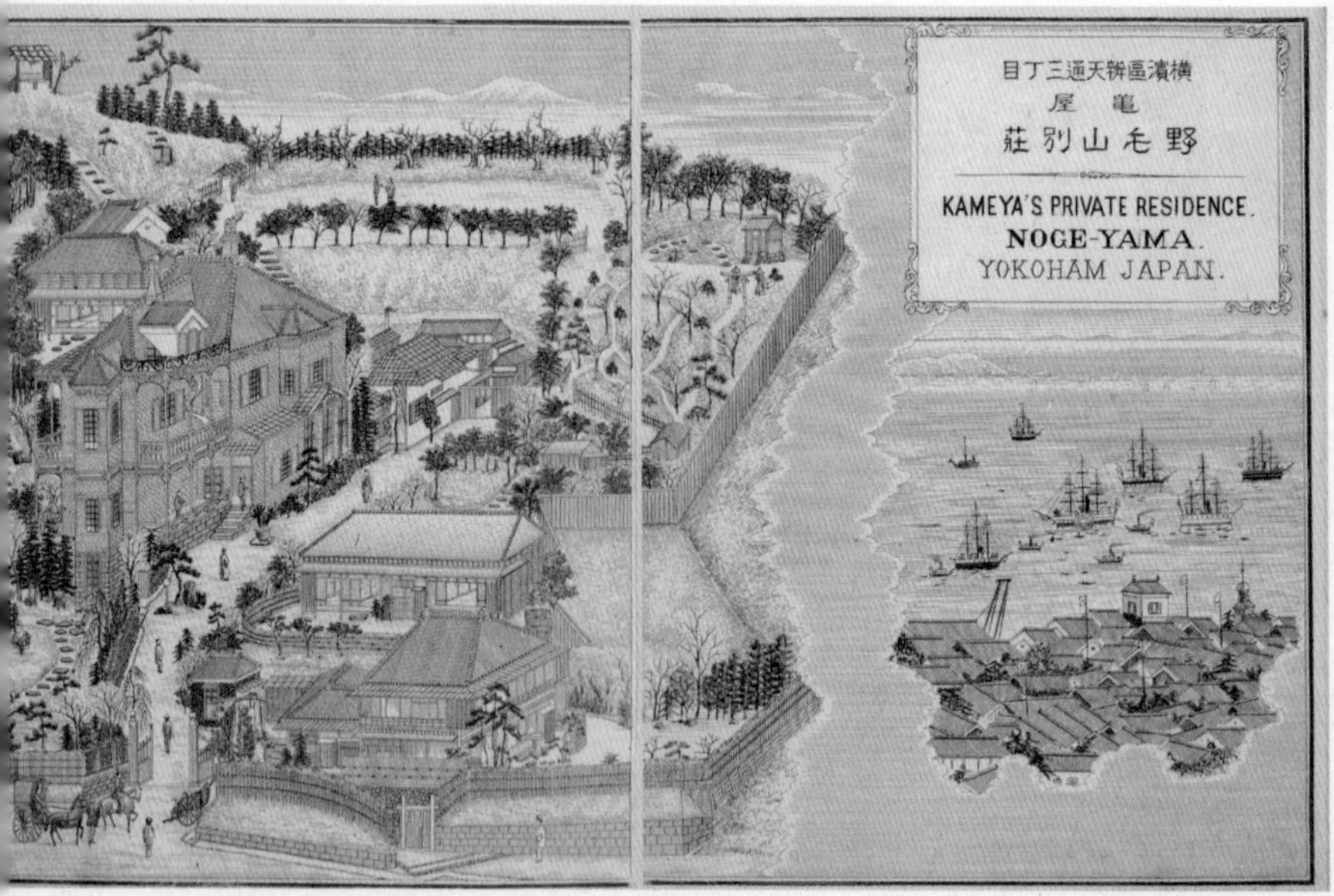

県の伊勢神宮より分霊し、横浜の総鎮守に定められる。

　国づくりをすすめるにあたり、伊勢信仰を定着させたかった明治政府は開港場のある横浜の地を選んだ。というのも、政府は幕府の方針とは打って変わり、外国との友好関係を示すため、文明開化を急ピッチで進める必要があったのだ。日本人街であった神奈川宿から外国人を遠ざけたかった幕府にとっては都合よく開港場を目隠しするかのようにそびえ

『大日本名所図会』より「横浜伊勢山太神宮」（1881）国利　（横浜市中央図書館蔵）
参拝客で賑わう伊勢山皇大神宮

ていた野毛山（45頁参照）だが、政府の手によりその一部である崖の下は埋め立てられ、鉄道駅とガス会社（現・本町小学校）が設けられた。かくして日本ではじめての鉄道が走り、ガス灯が点灯した。伊勢山皇大神宮の誕生もそんな明治維新の開発の一環であったのだろうが、これが野毛山にとっては大きなターニングポイントとなった。

1870（明治3）年の遷座祭は五日間にわたって賑わい、総費用は15万両に及んだとされる。ときの外務卿・副島《そえじま》種臣がその経済効果に驚愕し「外務省の半年分の予算に匹敵する」と漏らした、という逸話が残るほどだ。このとき売り出されたアイスクリームが全国区になったという逸話もある。

1877（明治10）年には成田山新勝寺の横浜別院が建立される。開港にあたっては千葉周辺からの移住者も多く、要望があったことで、成田山より分霊し、1870（明治3）年に太田村の普門院に遙拝所が設けられ

上写真「横浜伊勢山太神宮境内」（横浜市中央図書館蔵）
明治時代中期、伊勢山皇大神宮の人出

下写真「横浜野毛山不動」（横浜市中央図書館蔵）
明治時代中期、成田山延命院の参拝者

た。手狭となったところ高島嘉右衛門より土地を寄進され、現在の場所に遷座。1893（明治26）年に寺号を「成田山延命院」とする。
桜の景勝地としても親しまれた。風光明媚なパワースポットには茶屋や汁粉屋などの商店が続々と増え、賑わいを見せたのだった。

高級住宅地から憩いの場へ

1923（大正12）年の関東大震災によって、野毛山も甚大な被害を受けた。伊勢山皇大神宮、成田山延命院は再興するが、平沼、原、茂木をはじめ、多くの豪商たちが野毛山をあとにした。その多くが「別邸」だったため、商売の危機に瀕し、それらを維持する余裕がなかったのかもしれない。十全病院も浦舟町（現・南区）へと移転した。

「横浜野毛山」（横浜市中央図書館蔵）明治中期、原善三郎邸宅前だろうか

平沼邸の跡地は戦後、日本住宅公団の野毛山住宅が建てられ、2008（平成20）年に現在のマンションへと建替えられた（既述）。

原邸と茂木邸の敷地を含んだ一帯には、震災後、被災地復興事業として野毛山公園が建設され、1926（大正15）年に一般公開された。開園当時、日本庭園、西洋庭園、折衷庭園、という三つの様式を持っていたという。戦後は1947（昭和22）年まで接収。1949（昭和24）年3月〜6月、横浜で日本貿易博覧会が開催された際は、第一会場として利用されることになり、それを契機に整備が進められる。この整備のなかで特に注目されたのが競泳用の50メートルプールで、1949（昭和24）年開催の第4回国体夏季大会の主会場ともなった。飛び込み台、約1万人を収容できる観客席もあっ

「（日本貿易博覧会）野毛山会場　全景　1949」（横浜市中央図書館蔵）

た。2003（平成15）年まで使用されていたが老朽化と利用者の減少に伴い撤去される。

1951（昭和26）年には児童遊園ができ、動物園とあわせて「野毛山遊園地」と称され堂々オープンした。動物園ではインドゾウの「はま子」が子どもたちから人気を集めた。児童遊園エリアには豆電車、メリーゴーラウンドが設置され、野毛山公園は市民のレジャーの中心地となった。1964（昭和39）年、児童遊園が閉鎖となるが、動物広場を存続させることとなり、再整備などを経て現在に至る。そんな「野毛山動物園」は今なお地元・野毛山のアイコンとして市民に親しまれ続けている。約83種1800点の動物が約3・3ヘクタールの広さ（東京ドームが約4・7ヘクタール）の敷地で生活している。年間入園者数は100万人にも及ぶという。美しい緑のなか、入園料無料で動物を観察できる。そのうえ、ナイトサファリを企画したり、園内のカフェでは動物モチーフの特製フードや酒類を手軽な価格で提供したり、レクチャー付きで学べるふれあいコーナーを設けていたり、車いす・ベビーカーを無料貸出ししていたり、エンターテイメントとホスピタリティの精神が伝わってくる温かい空間なのだ。近隣には、日本屈指の蔵書数を誇る横浜市中央図書館がある。地下一階の市史資料室ではそんな野毛山の歴史を振り返る資料も充実している。

かつて豪商たちが邸宅を構えた憧れの丘であった野毛山。パワースポットとしてのご利益や景観の素晴らしさはそのままに、やがて下町・野毛の文化と混ざりあい、現在は地元の身近なリフレッシュスポットとして愛されている。

コラム　野毛を行き交う人

添田唖蝉坊と野毛山

横浜港を望む添田少年

1891（明治24）年、夏のある夜。野毛山大神宮（伊勢山皇大神宮）の神官は、境内からじっと港を眺めるひとりの少年を見た。夜が深まっても、動こうとしない少年に事情をたずねた。

なんでも、自分が乗船していた船が停泊していたはずの横浜港から姿を消したという。

『名古屋丸』はコレラの流行で、急遽検疫船として横須賀に向かったのだと聞きました。停泊中に下船して観光していたところ、出航してしまったのです。ともに乗船した親友も生活に必要なものも、全て横須賀に行ってしまいました。私はどうしたらいいのか…。」

18歳の少年は添田平吉と名乗った。温かい食事と寝床を与えると、やがて快活に身の上話をはじめた。「深川の叔父は海軍に入れといったが、自分は嫌だったから船乗りを選んだ」、「浅草は見世物や演劇が盛んで遊び歩いていた」、「船乗りになったはいいが、船酔いがひどくて本当はもう船を降りようと思っている」…。

次の日、食事と寝床の礼を告げるなり、徒歩で横須賀へと向かうという少年を見送った。

添田少年はたどり着いた横須賀で力強く歌う壮士に出会うと、のちに「添田唖蝉坊」と号し、

添田唖蝉坊こと、添田平吉（国立国会図書館所蔵）
1904（明治 37）年頃に撮影。31 歳くらいの添田唖蝉坊

演歌師として名をはせることになる。

演説歌、すなわち演歌

演歌師・添田唖蟬坊こと添田平吉は、1872（明治5）年、大磯の農家の次男に生まれた。演歌師となることを決意したのは、18歳の頃。名古屋丸に乗船していたものの横浜港で置いてけぼりを食らい、あわてて出航先の横須賀に向かったところ、壮士に出会った。

「壮士」とは、1880年代の自由民権運動において活躍した職業的な政治活動家のこと。彼らが歌った明治・大正期の「演歌」は、現代の娯楽的な歌謡曲「艶歌」とは異なる。もとは自由民権運動の副産物であった。つまり、演説のための歌、「演説歌」である。

「壮士節の奴めは、ずるずると私を引きずっていった。どこへ引きずっていったのか。私の幼稚な人生観なるものを、根底から変へさせをったのもこの壮士歌だった。」（『唖蟬坊流生記』より）

1900（明治33）年、平吉は横浜に戻ると、久方町（現・曙町）の松島屋で人気を博したという。

〽自由廃業で廓は出たが　ソレカラナントショ　行き場がないので屑拾ひ　ウカレメノ　ストライキ　サリトハツライネ　テナコトオッシャイマシタカネ

〽高利貸でも金さへあれば　コリャマタナントショ　多額議員でデカイ面　アイドンノー

ヂスライキ　サリトハツライネ　テナコトオッシャイマシタカネ

新曲のタイトルは『ストライキ節』。娼妓自由廃業運動が盛んとなっていた時勢。近くには横浜最大の遊郭・永真遊郭街があるから、人々の心にはリアルに響いたに違いなかった。贔屓客や道行く者は、その歌に耳を傾けると、おもむろに懐から財布を取り出して歌詞の記されたザラ紙を買い求める。「娼妓の廃業は自由で結構。しかし、その後の彼女らの生活が保障されてないんじゃゃ、なんのための運動なんだか、わかったもんじゃない」。平吉はそんな聴衆の会話に耳を傾け、確かに手応えを覚えたのだった。

野放しになった社会問題と疑問とを歌に託し、政府を批判する演歌。のちに幸徳秋水らと社会主義新聞『平民新聞』を創刊した。添田平吉と親交した堺利彦は、演歌という演説法について、「見る見る日本全国に広まって行くのは、何といふ愉快なことだらうかと思ひます。（中略）此の宣伝力を社会改革の為に用ゐる事になれば、前記の愉快は更に幾倍するだらうと思ひます」と述べている。

平吉の目線は常に民衆の高さにある。自らも生活に窮しながら、民衆の心を代弁し続けた。

報道のための演歌　社会主義の伝道として唄う

〽大臣大将の胸先に　ピカピカ光るは何ですえ　金鵄勲章か違ひます　可愛い兵士のしゃれこうべ　トコトットットット

『社会党喇叭節』より

平吉は、社会主義運動に身を投じた。1906（明治39）年2月、日本社会党が結成されると、翌年には評議員となっていた。名刺には自ら「官憲の注意人物日本社会党員」との惹句を入れて、職務質問をする警察官をからかった。「そっちから見ればこっちが格子のなかかも知れんが、こっちからはお前のほうが格子のなかに見えるぞ」。拘留された先で、看守よりも立派に蓄えた髭を整えながら、看守の態度を笑い飛ばす。

日露戦争は勝利こそしたが、借金まみれの戦争により生じたツケは民衆の生活を脅かした。そのうえ、獲得したのは樺太の南半分のみで償金もない。政府と議会を激しく非難した『平民新聞』は直ちに発禁処分となる。「屈辱の講和条約だ」と、人々は騒いだ。

横浜においても、「横浜騒擾」がはじまり、警察署への投石、派出所への焼打ちがなされた。民衆の不満は頂点に達していたのである。そんな世相を見つめながら、下層市民に寄り添った平吉の歌は、大当たりし、瞬く間に全国へと広まる。

〽華族の妾のかんざしに　ピカピカ光るは何ですえ　ダイヤモンドか違ひます　可愛い百姓の膏汗　トコトットット

〽当世紳士のさかづきに　ピカピカ光るは何ですえ　シャンペンか違ひます　可愛い工女の血の涙　トコトットット

『社会党喇叭節』より

日本中を行脚しながら唄った。平吉にとっての全国行脚は、新曲づくりのための取材の旅。各地の貧民窟をめぐり、その実態を歌詞に託して唄うと、聴衆は日本の実情を知ることができた。やがて新聞やラジオなどの媒体が発達するまで、演歌は報道としての機能を果たし続けた。

妻の死　絶望と恐怖に怯えながら

「妻は死んだ。―己が殺したのか、―社会が殺したのか。―それぱかり私の頭の中をめぐってゐた。」（『啞蟬坊流生記』より）

1910（明治43）年、平吉は地獄のような日々を過ごしていた。無為に日々が過ぎていく。かねてから家はあってないようなもの。妻と幼い長男を実家に預けたまま、社会主義運動に打ち込み、根なし草のように全国行脚する。そんな平吉を襲った大きなスランプ。自らの思想と演歌のあり方を顧みざるを得ない出来事に直面する。

前年の暮れ、妻・タケの出産が近いという報を受け、大磯に戻る。「義母と折り合いが悪いから、東京に行きたい」という妻。長男・知道とともに移動する途中、産気づき、横浜は平沼の義兄宅に身を寄せた。ところが、第二子の長女を生むと、タケはあっけなくこの世を去ってしまう。29歳という若さ。タケとの別れを惜しみ、一時は「このまま横浜に家を借りて住みつこうか」とも考えた。しかし、夜は幼い息子を家に置いたまま演歌のために街角に出ないとならない。「もう演歌をやりたいとも思えない」。1月の横浜。ひとり空を舞う粉雪を見つめる。生活が窮するなか、夫を支えようと身を粉にして働いたタケを思い、家庭を蔑ろにした自分を責めた。

その頃、明治天皇暗殺計画が発覚し、多くの社会主義者が捕えられ、これに対する抗議デモが盛んとなっていた。

妻を亡くした悲しみと自責の念。政府による弾圧への恐怖。ざわざわと落ち着かない世間から隠れるように、街頭から姿を消した。そのとき平吉は、演歌どころか、じっと座っていることもままならないほど憔悴しきっていた。

「社会主義運動の道具」からの脱却と全盛

〽むらさきの袴さらさら　ホワイトリボン　行先ゃ何処、上野飛鳥山向島　ほんに長閑な花の風　散れ散れ散るならさっと散れ　チョイトネ

〽君は今　駒形のあたり降られはせぬか　降るならいっそ　いっそ降るなら夜中から　やらずの雨のざんざ降り　そして止めたい明日の朝　チョイトネ

『むらさき節』より

美しい民謡調の節に、男女の色恋と情緒を乗せる。1911（明治44）年に発表した『むらさき節』は空前の大ヒット。歌本は飛ぶように売れた。暗闇のなか、孤独と恐怖に対峙し、演歌のあり方を顧みざるを得なかった平吉は、今一度唄う喜びに返りたいと願った。

「ほんとうに心から『うたって』みたくなった。人間の心を唄い、民衆の、私たちの生活にもっとぴったりと…。」（『啞蟬坊流生記』より）

〽つまらない　あゝつまらないつまらない　小作のつらさ　待ってた秋となって見りゃ　米は地主に皆取られ　可愛い妻は飢えに泣く　チョイトネ

『むらさき節』より

十八番だった世相への皮肉を少し織り交ぜスパイスをきかせる。啞蟬坊節は健在だ。壮士節からの決別。社会主義運動の道具からの脱却。芸術的要素を盛り込んだ。新時代の「演歌」の試金石。

幸徳秋水ら、かつての同志たちが処刑されたのは、平吉が『むらさき節』を発表してからまもなくのこと。純正演歌を目指すとともに、ますます貧民問題に寄り添っていくと、やがて時代は大正へ。

「明治と大正、世相の上にハッキリとした相違が現れた。明治末期には指折るほどしかなかったカフェやバーが激増し、活動写真館がドシドシ出来はじめた。大正芸者が出現した。大正琴が流行した。軽燥な音響、そしてすべてが『軽便安直』なるものに進んだ。」（『唖蟬坊流生記』より）

そんななか、1921年（大正10）年、平吉は『野毛山ノーエ節』を原型とした『お國節』という作品を発表する。

野毛山ノーエ節の替え歌『お國節』

平吉が発表した『お國節』は、古くから歌い継がれていた『野毛山ノーエ節』の曲を原型とした、いわゆる替え歌である。

『野毛山ノーエ節』というのは、江戸幕府が神奈川・長崎・函館の三港を開港し、ロシア・イギリス・フランス・オランダ・アメリカの五カ国と貿易をはじめた時代、外国人居留地の商館を守る兵隊の様子を揶揄的に歌ったもので、幕末から明治時代の世相をあらわしたもの。次のような歌詞である。

〽野毛の山からノーエ　野毛の山からノーエ　野毛のサイサイ　山から異人館を見れば　鐡

砲弾擔いでノーエ　鐵砲弾擔いでノーエ　鐵砲サイサイ　擔いで小隊進め

『野毛山ノーエ節』より

平吉がつくりかえた歌詞のなかには、全国各地の名勝地、名物、お国自慢が散りばめられている。日本中を行脚した平吉だからこそのオリジナリティに溢れていた。その歌詞のなかの一節、「武蔵」の場面で次のように歌っている。

〽野毛の山からノーエ　一目に見へるノーエ　出船入船絶え間ない横浜の繁華

『お國節』（「武蔵」）より

はじめて野毛山にのぼったあの日。18歳だった添田少年は、これからの人生、身の振り方を同行の親友に相談中であった。船は親友を乗せて出港してしまい、悩みは未解決のままであったからなおさら途方に暮れた。

「どうでも追いかけて、今一度会わなければならないのだ。」（『唖蟬坊流生記』より）

その夜は野毛山へのぼって、湾内の船の灯りを眺めていた。伊勢山皇大神宮の境内の茶屋の縁臺（ベンチ）に寝て、犬に足をなめられているうちに、うとうとしたところへ神官がめぐってきて起こされてしまった。身の上を調べられたが、社務所で結構なベッドをこしらえてくれた。

どんどんどんという朝のお勤めの太鼓の音で目を覚ましてみると朝日がのぼっていた。『野毛山ノーエ節』の歌詞を考えるとき、横浜港で置いてけぼりを食らった少年時代、野毛山から見下ろした風景を思い出しただろうか。定かではないが、平吉は半生を綴った著書『唖蟬坊流生記』のなかで、「あたたかい朝飯をいただいた。神官の親切が身に沁みた。」と振り返る。この著書では演歌師になったきっかけを綴る節の最初に、野毛山でのできごとが記されている。

ひとり旅に立つ

1923（大正12）年9月1日、関東大震災が発生する。平吉は、文明開化により築かれた50年の歴史を一瞬で奪い去った地震に「見かけ倒しの文明開化だったのだ」とため息をついた。そして、その旅立ちが運命なのだと確信した。演歌のことは弟子の倉持忠助に委ねた。

「私が遍路に立つに至るまでの心境経過は、複雑、これをひと言に尽くしがたいのだが、一切を忘れて透明の境に入るべく、仏の道に行ったのは、きわめて自然の推移であったと思ふ。」（『唖蟬坊流生記』より）

より民衆に寄り添って唄いたいと願った男は内省へと傾いていった。ひとり桐生の山中に籠ると、米食を拒絶し、松葉を食しながら、執筆活動に専念した。そしてやがて死を覚悟して、長い旅に出る。

「ついに奇行に走ったか。震災に米騒動。先生は心を痛めたのだ。演歌の持つ力に限界を感じ、失望したのだよ」「さて、どうだろうか。先生は世の中のためではなく、ようやく自分のために唄う日がきたのだと悟ったのではないか」。

弟子たちは噂するが、平吉は「透明の境」なるものを探りながら、自ら打った布石に満足していたのかもしれない。やがて、演歌の世界では息子・添田知道や、同じく添田唖蟬坊のもとで影響を受けた鳥取春陽が活躍する。彼らが演歌の芸術性と娯楽的魅力を育むと、映画やレコードの普及に乗って新時代が到来するのである。

彼らの演歌のなかでも唖蟬坊は生き続けた。

＊　＊　＊　＊

参考文献等

・湘南を記録する会（2013年）『添田唖蝉坊・知道親子展 資料集』湘南を記録する会
・柳原一日（2004年）『緑風閣の一日 文人の素顔』株式会社講談社
・木村聖哉（1987年）『添田啞蟬坊・知道 演歌二代風狂伝』リブロポート
・添田啞蟬坊（1941年）『啞蟬坊流生記』那古野書房

協力（敬称略）

・福原まさ代（田丸屋女将）…啞蟬坊の姪孫として取材協力、資料アドバイス

ノーエ節
野毛の山からノーエ
野毛の山からノーエ
野毛のサイサイ
山から偉人館を見れば
お鉄砲かついでノーエ
お鉄砲かついでノーエ
お鉄砲サイサイ
かついで小隊すすめ

コラム　食の記録

コテイベーカリーのパン

桜木町駅から野毛山を目指す道すがら、音楽通りの入口にあるコテイベーカリーのウインドウをのぞく。

肉厚で瑞々しい漆黒の水羊羹を濃厚な黄身色のカステラで挟んだ「シベリア」、卵ボーロの親玉のような「甘食」、これでもかといわんばかりにレーズンがぎっしりと詰まった「ぶどう食パン」。どれもひと目で職人の思いと労力が注ぎ込まれていることがわかった。ひとつひとつが個性的で、規格化されていないアイディアと遊び心に溢れ、物量においてもエピソードにおいても重厚感が漂う。

現在、三代目店主の馬中俊夫さんと妻のいつ子さんによって営まれている同店の創業は、1916(大正5)年に遡る。吉田町にあったパン屋「日本堂」で修行していた俊夫さんの祖父が、同じ「日本堂」という屋号で独立開業した。当時パン屋は徒弟制で、修行した店の暖簾を分けるのが慣例であった(野毛坂にも存在した)。ところが横浜大空襲ですべてを消失し、更に戦時下で小麦粉が統制の対象となってしまう。パンの製造を休まざるを得ず、喫茶店へと転業することとなる。そのタイミングで「コテイ」という名称に変更した。由来は当時一世を風靡していた香水「コティ」にちなむという。

復員した二代目である父は「喫茶コテイ」を継ぐことになり、やがて小麦粉の統制が解除されると、パンづくりも再開。喫茶店兼パン屋として営むことになる。店名はすでに慣れ親しまれていた「コテイ」をそのまま使うことにした。


さて、数ある魅力的なパンのなかでもシベリアは同店のアイコン的な存在だ。大正時代からつくり続けているが、より厚みを出せるよう天板を改良したり、黄色みが増すように卵の量を増やしたりなど、「祖父の代からのレシピを受け継ぎつつ、創意工夫を重ねている」という。製造時間は6時間。一度に製造できる数は48個。シベリアの製造工程にあわせて、合間でほかの商品を製造する。カステラを焼き、冷まし、水羊羹をつくり流し込み、固まるのを待つ。水羊羹は固くなりすぎるとカステラとうまく接着しない。うまくできあがったら三角形に切り分け、ひとつひとつパッキングしていく。店頭に並べられたシベリアの断面は、黄身色と漆黒のコントラストが美しい。水羊羹のくちどけと、カステラの豊かな卵の香り、そのすべてに心血が注ぎ込まれている。

シベリアを中心にコテイベーカリーの日々はまわっている。

昭和 24 年頃のコテイベーカリー（コテイベーカリー所蔵）
小麦粉が手に入らない時代は喫茶店に転業していた。現在のご店主・馬中俊夫さんと父で二代目の一郎さん。

◆　コテイベーカリー

住所…横浜市中区花咲町2-63

定休日…日曜

おわりに

このささやかな一冊を入稿するにあたり、出版というのは途方もない作業の積み重ねなのだと、改めて実感しています。

取材にあたっては、昨今の賑わいのなかで埋もれて欲しくない町の営み、人間模様を夜な夜な追ったのですが、まず、出版を自粛していた4年というブランクのなかで、失いかけていた「ひとり呑み歩き」の習慣を取り戻すことからはじまりました。また、これだけの文章を一気に書き上げることも久々であり、なかなか言葉が浮かばず、とにかく情景と感想を書き出しまくる日々は、まさに、水を呑んでは吐き…を繰り返す二日酔いが終わらない状況と重なるものがありました。編集作業では技術面での記憶もおぼろげ。入稿はガイドを調べながらの骨折り作業。リミットが迫るなか、手足口病にも罹患しました。

ともあれ、10周年を迎え、小規模出版の原点に立ち返る一冊に仕上がったことは大変に嬉しく思います。編集部二名で取材・執筆・デザイン・編集をすべて担当しました。

久々の夜の町に飛び込む一歩目には、それなりの勇気が必要となりましたが、温かく迎えていただいたことが、本書の刊行に繋がりました。取材先の皆さまには心からお礼申し上げます。

編集部

よこはま 野毛太郎
—酔郷ではしご酒—

2023年11月30日　初版発行

発行人　星山 健太郎
編集人　成田 希
発行所　株式会社　星羊社
〒231-0045
神奈川県横浜市中区伊勢佐木町1丁目3-1 イセビル402
tel　045-315-6416
fax　045-345-4696
HP　http://www.seiyosha.net
mail　info@seiyosha.net
印刷　株式会社アルキャスト

ISBN 978-4-909991-02-7
C0026　¥2000E
定価：　本体2000円+税

万一、乱丁落丁があった場合はお取り換えいたします。